HENRI NOUWEN

HERDER spektrum

Band 6305

Das Buch

Henri Nouwen wollte ein Buch über den Glauben schreiben. Aber dann starb Adam, ein schwerstbehinderter junger Mann aus der Gemeinschaft, in der Nouwen als Seelsorger lebte. Adam, der weder sprechen noch allein einen Schritt tun konnte, war für Henri Nouwen zu einem Freund und Wegbegleiter geworden, der ihn »mehr als viele Bücher oder Professoren zum Menschen Jesus geführt hat«.

So entstand dieses Buch über »eine ungewöhnliche Freundschaft«. Es ist ein sehr persönliches Zeugnis, wie die liebevolle Begegnung mit einem anderen Menschen zu einer Begegnung mit Jesus werden kann.

Der Autor

Henri Nouwen, 1932–1996, gab seine Karriere als Hochschulprofessor auf und schloss sich der von Jean Vanier gegründeten »Arche«-Bewegung eines gemeinsamen Lebens mit behinderten Menschen an. Er zählt international zu den wichtigsten spirituellen Autoren.

Vorwort

Heiner Wilmer, Dr. theol., geb. 1961, seit 1980 Mitglied der Ordensgemeinschaft der Herz-Jesu-Priester (Dehonianer). Nach dem Studium als Lehrer, Schulseelsorger und Schulleiter in Norddeutschland und New York (Bronx), seit 2007 Oberer (Provinzial) der Herz-Jesu-Priester in Deutschland. Er vertrat Henri Nouwen als Seelsorger in der »Arche«-Gemeinschaft in Daybreak.

HENRI NOUWEN

# *Adam und ich*

## Eine ungewöhnliche Freundschaft

Aus dem Amerikanischen von
Franz und Irene Johna

HERDER

FREIBURG · BASEL · WIEN

*Jeanne und Rex Arnett,*
*den Eltern Adams,*
*gewidmet*

Titel der Originalausgabe
Adam. God's Beloved
Orbis Books, Maryknoll, New York 10545

Deutschsprachige Erstausgabe:

www.herder.de

Umschlagmotiv: © Cornelia Doerr / Getty Images
Umschlagkonzeption und -gestaltung
R · M · E Eschlbeck / Hanel / Gober
Foto S. 26: Henri Nouwen und Adam Arnett © Zenia Kushpeta.
Mit freundlicher Genehmigung der Henri Nouwen Archives in der
John M. Kelly Library, University of St. Michael's College,
Toronto (Kanada)

Herstellung: fgb · freiburger graphische betriebe
www.fgb.de

Gedruckt auf umweltfreundlichem,
chlorfrei gebleichtem Papier
Printed in Germany

ISBN 978-3-451-06305-3

# INHALT

HEINER WILMER

# *Henri Nouwen, Adam und ich*

## I.

Die Begegnung mit Henri Nouwen veränderte mein Leben. Die Erfahrung der »Arche« bewegt mich bis heute. Als ich Henri Nouwen zum ersten Mal traf, dachte ich an einen Irrtum.

Es war im Februar 1993. Als Ordenspriester studierte ich in Freiburg in Vorbereitung auf meinen Einsatz im Schuldienst. Ein junger Mann, der bei uns im Herz-Jesu-Kloster ein Besinnungswochenende verbrachte, bat mich, ihn zu Henri Nouwen zu begleiten, der sich zwei Straßen weiter bei einem befreundeten Ehepaar einquartiert hatte, bei Reny und Franz Johna. Franz Johna war der deutsche Lektor der Bücher Henri Nouwens, von dem ich schon viel gehört und einiges gelesen hatte. Fasziniert hatte mich sein Buch »Ich hörte auf die Stille«, ein Tagebuch, in dem er von seinem Aufenthalt in dem Trappistenkloster Genesee Abbey (New York/USA) erzählt. Dieses Buch hatte ich im Noviziat Anfang der 1980er Jahre verschlungen.

Seinen Autor stellte ich mir als jemanden vor, der als Europäer aus Holland an den Elite-Universitäten der Vereinigten Staaten Karriere als Theologieprofessor gemacht und sich nun Zeit genommen hatte, nach innen zu gehen. Das Bild, das ich von ihm entworfen hatte, war einerseits das eines ringenden hochkarätigen Wissenschaftlers und andererseits das eines Menschen, der die Ruhe liebte und die Einsamkeit suchte, der stundenlang auf dem Stuhl sitzen oder auf dem Betschemel knien konnte, versunken in Betrachtungen und meditative Gedankengänge.

Auf alle Fälle hatte ich ihn mir als einen ruhigen Menschen vorgestellt, als einen Mann, der gemessenen Schrittes daherkam, dessen Bewegungen überlegt waren, der in wohlfeilen Sätzen sprach, dosiert, vornehm, zurückhaltend und ein bisschen in jener höfischen Distanz, die manchen Professoren zu eigen ist, wie auch einigen professionell geschulten geistlichen Begleitern. Doch das war ein Irrtum. Mein Bild von Henri Nouwen zerbrach, als er uns die Haustür öffnete.

Was mir begegnete, war kein ruhiger Pol, kein ruhender See wie ein Eifeler Maar. Was mir begegnete, war ein Vulkan.

In brauner Cordhose, grünem Pullover und mit zerzaustem Haar empfing er uns, zunächst in der Küche, dann oben. Seine funkelnden Augen strahlten uns an, seine Lebendigkeit war herzlich und überbordend. Im Haus der Familie Johna war er allein, aber er bewegte sich, als wäre es seines. Seine Gastgeber schienen großes Vertrauen zu ihm zu haben, offensichtlich handelte es sich um eine Freundschaft, die weit über die Beziehung von Lektor und Autor hinausging. Erst viel später erfuhr ich, wie wichtig für Nouwen Freundschaften waren, tiefe und echte Freundschaften, die zweckfrei sind, in der niemand den anderen gebraucht und in denen man sich doch in Anspruch nehmen lässt, wenn man gebraucht wird. Eine solche Freundschaft bestand auch zwischen Henri Nouwen und Adam Barnett. Von ihm handelt das vorliegende Buch.

✦✦✦

»Habt ihr schon etwas gegessen? – Nein? Dann setzt euch an den Küchentisch!« Es gab Tee, Brot mit Käse und geschnittene Tomaten. Irgendwie hatte ich den Eindruck, dass Küche und Haushalt nicht unbedingt Henri Nouwens Stärke waren, aber er gab alles.

Wir sprachen auf Deutsch, und er duzte uns fortlaufend – es mochte an seiner niederländischen Herkunft liegen oder an seinem Empfinden, für uns wie ein Vater zu sein. Henris Augenmerk galt Christian, dem Teilnehmer am Wochenende im Kloster, den ich begleitete und der von ihm eine Empfehlung erhalten wollte. Wild mit Händen und Armen gestikulierend, wie ein Neapolitaner im Straßenverkehr, so saß Henri vor Christian. Dabei hatte er die Beine übereinandergeschlagen, und zwar doppelt. Ein Bein ruhte auf dem anderen, aber er ließ den Fuß nicht in der Luft baumeln, sondern umfasste mit dem Spann des Fußes von hinten die Wade des anderen Beins. Mit derart ineinander verschlungenen Beinen, den heftigen Armbewegungen und den feurigen Augen hinter seiner großen und dicken Brille wirkte er ganz gegenwärtig.

Sehr präsent im Gespräch befragte er Christian nach seinen bisherigen Erfahrungen mit Menschen, die geistig und körperlich behindert sind. Christian wollte sich über Nouwen für ein Praktikum in Trosly-Breuil bewerben, dort, wo die »Arche« von Jean Vanier und Pater Thomas Philippe gegründet worden war.

Jean Vanier war kanadischer Marineoffizier, dann Professor für Philosophie in Toronto. 1964 gab er seinen Lehrstuhl auf und zog mit zwei geistig behinderten Menschen in Trosly, einem kleinen französischen Dorf bei Compiègne, zusammen. Pater Thomas Philippe war Professor für Moraltheologie am Angelicum in Rom. Ende der 1950er Jahre wurde er wegen seiner »unorthodoxen« Lehre »strafversetzt«. Seine Oberen machten ihn zum Seelsorger einer Anstalt für dreißig geistig behinderte Menschen auf dem Land. Philippe und Vanier kannten sich noch vom Studium in Paris, fanden dann aber auf neue Weise zusammen: Gemeinsam erfuhren sie die Welt der geistig behinderten Menschen. Gemeinsam lasen sie das Evangelium neu: »Ich preise dich, Vater, Herr des Himmels und der Erde, weil du all das den Weisen und Klugen verborgen, den Unmündigen aber offenbart hast« (Matthäus 11,25). Gemeinsam erkannten sie, dass Jesus an erster Stelle die Armen meinte, »Selig die Armen ...« (Matthäus 5,3), und nicht zuerst jene, die den Armen helfen. Das war die Ursprungserfahrung der »Arche«, eines mittlerweile weltweiten Netzwerkes von Lebensgemeinschaften von Menschen mit und ohne Behinderung.

## II.

Nach seinem Gespräch mit Christian wandte Henri Nouwen sich mir zu: »Und du – was machst du denn im Leben?«

Ich erzählte, dass ich als Ordenspriester kurz vor dem Ende des Ersten Staatsexamens in den Fächern Geschichte und katholische Religion stand, dass ich zwischen Examen und Beginn des Schuleinsatzes noch fünf Monate zu warten hatte, vor allem aber, dass ich selbst schon einmal eine kurze Zeit in der »Arche« in Trosly-Breuil verbracht hatte. Damals machte ich mir Notizen und schrieb in mein Tagebuch: »In der Arche wird mir bewusst, wie sehr Körper und Seele miteinander verbunden sind. Wenn eins leidet, bleibt das andere nicht unbeschadet. Vor allem werden hier die Verwundungen der Menschen offenbar. Ob behindert oder nicht, jeder trägt an seinen Wunden, ist ›un homme d'un cœur blessé‹ (›ein Mensch mit verwundetem Herzen‹).«

Als Henri Nouwen von meiner Zeit in der »Arche« in Trosly-Breuil erfuhr, wurden seine Armbewegungen wieder heftig, seine Augen funkelten. Er bombardierte mich mit Fragen: Wie ist es dir ergangen? Was hast du gelernt?

Inwieweit hast du die Bewohner der Arche als Lehrer sehen können? Glaubst du, dass sie Missionare sind? Hältst du es für möglich, dass Menschen mit geistiger und körperlicher Behinderung in einer hoch industrialisierten Gesellschaft und einer Kirche mit gefestigten Strukturen Propheten sind – Propheten wie Amos,

Hosea, Jeremia und Jesaja? Geistig behinderte Menschen mit prophetischen Gaben, die allein in der Lage sind, uns als Gesellschaft, aber auch jedem persönlich eine Botschaft zu geben, die uns kein anderer Mensch geben kann?

Botschaften, die zentral für das Leben sind, Botschaften, die aber nicht gehört werden, die verhallen oder verlacht werden oder die derartig aufstoßen, dass man ihre Übermittler an den Rand der Gesellschaft drängt, dass man sie verfolgt und im besten – oder im schlimmsten Fall – sogar umbringt? Was glaubst du, welche Botschaft haben sie dich gelehrt?

Henris Fragen waren direkt. Wäre es eine Prüfung gewesen, hätte ich gesagt, sie seien unbarmherzig. Aber es war keine Prüfung, jedenfalls keine akademische. Er wollte es einfach wissen. Er wollte wissen, welche Erfahrung ich gemacht hatte, er wollte wissen, inwieweit sich jemand auf die – nicht immer einfache – Dynamik der »Arche« einlassen konnte. Er wusste nur allzu gut, dass das Leben in der »Arche« nicht romantisch ist und das Leben in Gemeinschaft nicht gerade leicht. Wie schwer dieses Leben sein konnte, wie entsetzlich kleinmachend und demaskierend, entwaffnend und bloßstellend das Zusammenleben von Menschen mit geistigen und körperlichen Behinderungen und den Assistenten, den anderen, die sich um sie sorgen, sein kann, das wusste Henri aus eigener Erfahrung.

✦✦✦

Als Nouwen selbst zur »Arche« stieß und 1985 von einer renommierten Professorenstelle in Harvard in die Arche-Gemeinschaft »Daybreak« bei Toronto wechselte, wusste er buchstäblich nicht, was er tun sollte. In Verlegenheit brachte ihn die Aufgabe, für den mehrfach behinderten Adam Verantwortung zu übernehmen, für jemanden, der nicht sprechen konnte, der praktisch in allen persönlichen Dingen auf andere angewiesen war.

Wie ihn waschen? Wie ihn zur Toilette begleiten? Wie ihn halten? Was passiert, wenn er umfällt? Adam, ein junger Mann, der keine Tätigkeit allein verrichten konnte, der immer auf andere angewiesen war, ein Hilfloser – scheinbar. Aber Henri Nouwen war in Adam vielleicht auf das größte Paradox seines Lebens getroffen; es war die Erfahrung eines doppelten Paradoxons, die alles veränderte: dem hilflosen Helfer und zugleich dem helfenden Hilflosen zu begegnen.

Die Begegnung mit Adam wuchs für Nouwen zu einer tiefen und innigen Freundschaft, auch wenn sie die Welt der Worte nicht erreichte, das ging vonseiten Adams nicht. Und doch machte Henri mit Adam eine Erfahrung, die die Ebene der Sprache weit überschritt.

Für den geschulten Universitätsprofessor, der sich an der Yale-University und später in Harvard gegen andere Spitzenakademiker durchgesetzt hatte, für den großen Meister mit internationalem Ruf, zu dem Studenten aus aller Welt aufgeschaut hatten, für ihn war Adam, der Unbekannte, der nicht einmal einen ganzen Satz sprechen konnte, zum Meister geworden. Adam sollte Henri eine Dimension eröffnen, die ihm vollends erst klar wurde, als Adam starb. Unmerklich hatte Adam ihn in die Mystik eingeführt, jenen Raum, in dem Gott und Mensch sich spürbar berühren. In Adam und mit Adam und durch Adam begegnete er dem Fleisch gewordenen Wort.

✦✦✦

Mir stockte der Atem, als Henri Nouwen eine Frage nach der anderen auf mich abschoss. Und doch erlebte ich seine Fragen keinesfalls als bedrohlich, sie hatten etwas Sympathisches. Und am Ende fragte er prompt:

»Kannst du mich vertreten?« – »Wie bitte?«

»Kannst du mich in diesem Sommer für drei bis vier Monate in Daybreak vertreten? Ich möchte in der Zeit wieder nach Freiburg, hierher zu den Johnas, und ein Buch schreiben.«

Henri Nouwen war unglaublich direkt. Für mich war es ein wunderbares Angebot, das mich von der ersten Sekunde an fesselte. Das könnte eine einmalige Erfahrung werden – für mich, den angehenden Pädagogen, das spürte ich sofort.

»Aber ich bin Ordensmann, ich habe einen Oberen, ich muss erst fragen, ich kann nicht einfach selbst entscheiden«, entgegnete ich.

»Du musst wissen, was du willst!«, platzte es aus ihm heraus, »du selbst musst dich zunächst entscheiden, du und nicht deine Oberen! Du musst deine eigene Meinung haben. Frag zuerst dich selbst, frag in dich hinein und frag, wie du in deinem Leben wachsen kannst – und dann geh zu den Oberen.«

»Es gibt genug Menschen«, fuhr Nouwen fort, »die sich mit dem Verweis auf andere entschuldigen – die Oberen, die Vorgesetzten, die Eltern – und die später unglücklich werden. Einige fangen an zu trinken, andere sind frustriert und antriebslahm, manche verfallen in Depression, und für alle Miseren geben sie den anderen – den Oberen, Vorgesetzten, Eltern – die Schuld. Deshalb: Noch einmal – frag dich selbst, wie du in deinem Leben wachsen kannst!«

Wachstum, so sagte Henri mir etwa ein halbes Jahr später, Wachstum sei für ihn das Schlüsselkriterium bei Lebensentscheidungen – sei es beruflich, sei es privat. Wer wissen wolle, wie er/sie sich entscheiden sollte bei der Wahl des Partners, des Berufes, der Karriere oder des Wohnortes, der solle sich fragen: Inwieweit wachse ich dabei? Und umgekehrt gelte das gleiche Kriterium für Führungspersönlichkeiten, egal, ob in einem Unternehmen oder in einer kirchlichen Einrichtung: den Mitarbeiter dort einzusetzen und ihn mit dieser oder jener Aufgabe zu betreuen, die ihn oder sie wachsen lasse.

Dieses Gespräch über Wachstum führten wir bereits in Kanada. Ich hatte seine Einladung nach »Daybreak« also angenommen.

## III.

Ich kann mich noch gut an die Situation erinnern, als sich mir die Türen von »Daybreak« das erste Mal öffneten. Etwa 15 bis 20 Leute waren im Raum versammelt, um den Neuen zu begrüßen, zum Teil »Kernmitglieder«

der Hausgemeinschaft, zum Teil die »Assistenten« genannten Helfer, einige wohnten im Haus, andere waren aus benachbarten »Arche«-Häusern gekommen.

Das Erste, was ich gefragt wurde bevor ich überhaupt etwas sagen konnte, war: *Wie heißt du? What's your name?*

»I'm Tom. What's your name?«

»I'm Linda. What's your name?"

»I'm Steve. What's your name?«

»Heiner«, sagte ich, »ich bin Heiner.«

»Heiner?«, kam es mit kanadischem Akzent zurück.

Dann kam jemand auf mich zu, zeigte mir ein Heft, in das er gemalt hatte: »Wie findest du das?«

Linda, eine junge Frau von 34 Jahren, die mit Downsyndrom geboren war, sah mich an. Dann kam sie auf mich zu, stellte sich in zwei Meter Entfernung vor mich hin, blickte mir tief in die Augen, machte dann eine Wahnsinnsdrehung und ließ ihren knallroten Rock hochfliegen. Daraufhin schaute sie mir wieder in die Augen und fragte: »Wie findest du meinen Rock?« Auf solche Momente war ich in der Ausbildung zum katholischen Priester nicht vorbereitet worden. »Wow«, konnte ich nur noch stammeln.

Lloyd, ein alter Farmer, retardiert und verschlossen, kam schüchtern auf mich zu und fragte: »Hast du Zeit für mich, heute Abend mit mir mein *lifestory book* durchzublättern?«

Das *lifestory book* war eine Mischung aus Fotoalbum und Notizen, die die Assistenten eingefügt hatten. Im Wesentlichen ging es um das, was jemand sein Leben hindurch erlebt hatte, seine Familie, die Feste. Lloyd liebte es, mit jemandem auf dem Sofa zu sitzen, sein »Lebensbuch« langsam durchzublättern und es zu kommentieren. Dabei strahlte er immer wieder.

In den ersten Tagen blieb mir häufig die Luft weg von dieser unglaublichen Direktheit: Alle sagten, was sie dachten, brachten ihre Gefühle, Empfindungen und Bedürfnisse unmittelbar zum Ausdruck: »Hast du Zeit für mich?«, »Hast du Lust, mit mir zu kochen?«, »Gehst du mit mir ins Kino?«, »Willst du mit mir am Tisch sitzen, um zu spielen?«

Ich habe einige Wochen gebraucht, um zu merken, dass sich hinter diesen vielen Fragen dieselbe Frage verbirgt: Komme ich bei dir an? Respektierst du mich? Kann ich bei dir so sein, wie ich bin – oder muss ich mich verstellen? Im Grunde genommen ging es immer um die *eine* Frage: Magst du mich?

Und noch ein paar Wochen habe ich gebraucht, um festzustellen, dass ich selbst genauso denke.

Auch ich frage mich insgeheim immer wieder: Komme ich an? Kann ich mit meinen Ecken und Kanten so sein, wie ich bin? Werde ich respektiert? Werde ich akzeptiert? Nur bin ich so erzogen worden, dass ich zwar all das denke, aber nicht ausspreche. Doch im Grunde genommen zielt mein ganzes Tun genau daraufhin, mir mit allem, was ich unternehme – ob Studien, Abschlüsse oder Titel, Arbeiten, Leistungen und Erfolge –, die Basis zu schaffen, dass andere mich achten und respektieren, wertschätzen, vielleicht bewundern.

✦✦✦

In meiner Zeit in der »Arche« habe ich auch neu beten gelernt. Während meiner Lehramtsausbildung in Freiburg gab es freitagabends »Studentengottesdienste«. Ich erinnere mich noch genau an die Fürbitten: Wir standen um den Altar in der halbdunklen Kapelle, langes Schweigen, dann wurde zu Fürbitten eingeladen. Immer spürte ich den übergroßen Druck auf die Teilnehmer, die Fürbitten theologisch richtig und sprachlich wohlklingend zu formulieren, so als ginge es im Gebet um eine perfekte Zielvereinbarung mit Gott.

Ganz anders dagegen meine Erfahrung in der »Arche«. Der selbstverständliche Rahmen für das gemeinsame Beten war das Essen. Um sechs Uhr wurde zu Abend gegessen, um fünf hatte man bereits mit dem Kochen begonnen. Für das Essen nahmen sich alle sehr viel Zeit, es dauerte mindestens eine Stunde, manchmal auch anderthalb. Lange saßen wir bei Tisch. Immer wieder die Frage: »Wie war dein Tag?«, »Was hast du heute erlebt?«, »Was hast du gesehen?«, »Wie geht es dir?«

Am Ende wurde der Tisch abgeräumt, die brennende Kerze blieb, eine Bibel wurde geholt oder ein Liederbuch. Es wurde gesungen, zum Schluss endete der Abend mit einem Gebet. Bitten und Gebete wurden vor Gott gebracht – von den »Kernmitgliedern« der Hausgemeinschaft und den Assistenten gemeinsam. Niemand formulierte Gebete wie Zielvereinbarungen, geschweige denn kam es auf die sprachliche Perfektion an. Es wurde gebetet für Papa, für Mama, für die Nachbarn, für Linda, für das Kaninchen auf der Wiese, das krank ist, es wurde gebetet um gutes Wetter, um bessere Luft. Es wurde gebetet für den nächsten Tag. Ich erinnere mich gut an Lloyd, den alten Farmer, der den ganzen Tag über schweigsam war, aber abends beim Fürbittgebet zur Hochform auflief. Sein Gebet war jeden Abend das gleiche: In schneller Reihenfolge nannte er 18 Namen. Irgendwann habe ich mir die Namen gemerkt, ich kann sie heute leider nicht mehr wiederholen. 18 Namen – angefangen mit Mama und Papa, dann Opa, Geschwister und Nachbarn, am Ende Namen von Mitgliedern aus der »Arche«.

✦✦✦

Was ich damals in der »Arche« lernte, als ich Henri Nouwen für einige Monate vertreten sollte, habe ich versucht, in sieben Punkten zusammenzufassen:

1. Es ist leichter Häuser zu bauen als Gemeinschaften. A und O für das Gemeinschaftsleben ist *to be present:* leibhaftig da zu sein, präsent zu sein im aktiven Zuhören, wirklich gegenwärtig zu sein in unmittelbarer Lebendigkeit.

2. In der »Arche« erfahre ich meine Grenzen, meine eigene Armut. Der nordamerikanische Begriff für Menschen mit Behinderung »individuals with special needs« (Personen mit besonderen Bedürfnissen) trifft auch auf mich zu: Ich bin bedürftig. Ich brauche Freiraum, freie verfügbare Zeit. Ich brauche Anerkennung, das sichere Gefühl, andere mögen mich.

3. Unser aller Leben dreht sich um die Frage, die wir wie ein Thermometer ständig in die Luft halten: *Do you like me? Can I trust you?:* Kann ich mich auf dich verlassen? Kann ich dir trauen, dir vertrauen, dir glauben?

4. Theologisch völlig neu für mich ist die Einsicht, die den Blick umkehrt: Nicht ich muss Gott zu den Behinderten (den Armen, Kranken, den Jugendlichen ...) bringen – Gott ist schon da. Umgekehrt ist es wahr: Die Behinderten und Armen haben eine Botschaft für mich, die ich nur von ihnen hören kann, von niemand anderem. Meine Aufgabe ist es, zuzulassen, dass ich »passiv« bin, um ihre Botschaft zu hören. Die Behinderten und Armen haben eine Mission für mich, sie sind »aktiv«, sie sind Träger einer Mission, mit der sie mich senden.

5. Ich, wir alle, jeder Mensch braucht das sichere Gefühl: Du bist wichtig! Dein Leben ist für mich wichtig! Gott liebt dich! Nicht umsonst werden in der »Arche« Umarmung und Berührung großgeschrieben.

6. Feste und Feiern jeder Art sind für das Gemeinschaftsleben wichtig. In der »Arche« gibt es keine Hochzeiten und keine Dienstjubiläen, aber Geburtstagspartys sind sehr wichtig. Wochen und Monate im Voraus ist die Rede davon. Feiern ist Leben, schweißt zusammen.

7. »L'Arche is founded on the body, on the broken body« (Die Arche ist auf den Körper gegründet, auf den zerbrochenen Körper). Der Körper wird weder gesehen als Träger des Leidens noch als Gefängnis, aus dem ich entfliehen möchte, sondern als Tempel des Geistes. Ich habe keinen Körper, ich bin Körper. Ich sehe die Eucha-

ristie, das Sakrament des zerbrochenen Leibes Christi, in einem völlig neuen Licht. Keine Religion nimmt den Körper so wichtig wie der Glaube Jesu. Erlösung geschieht über den behutsamen Umgang mit unseren Wunden. Jemand sagte einmal zu mir: »Gesund wird hier niemand, aber viele werden geheilt – egal, ob er ein geistig behinderter Mensch oder ein Assistent ist.«

## IV.

Alle diese Erfahrungen, Gespräche und Begegnungen hatte ich noch vor mir, als ich im Februar 1993 Henri Nouwen im Haus der Familie Johna in Freiburg begegnete. Nach dem Imbiss in der Küche zeigte er uns »sein« Zimmer. Es war das Zimmer einer mittlerweile erwachsenen Tochter der Johnas, die vor einigen Jahren aus dem elterlichen Haus ausgezogen war. Jetzt wohnte Henri vorübergehend hier. Beim Anblick des Zimmers lernte ich eine andere Facette von Henri Nouwen kennen: In diesem Raum hatte er sich auf das Wesentliche reduziert. Lapidar sagte er, dass er dabei sei, ein Buch zu schreiben, deshalb habe er sich hierher zurückgezogen.

Von gestapelten Büchern auf dem Bett und auf dem Boden, von herumliegenden Artikeln und losen Blättern, von halb ausgetrunkenen Kaffeetassen war keine Spur. Auf dem Schreibtisch lagen nur vier Bücher: eine Bibel, eine Konkordanz (enthält alphabetisch geordnet alle wichtigen Wörter und Ausdrücke der Bibel mit allen Belegstellen), ein dickes englisches Wörterbuch und eine Art Blankobuch mit ursprünglich 200 leeren Seiten, wie man sie aus der Buchhaltung oder aus dem Rechnungswesen kennt. Hier entstand – von Hand geschrieben – sein nächstes Buch.

Henri Nouwen war ein begnadeter Autor, jemand, der es verstand, den Leser zu führen, ihm mit einer einfachen Sprache tiefere Einsicht in das Leben zu vermitteln, ihm die Augen zu öffnen für das Leben selbst. Kurzgefasst könnte man sagen: Leben vor Gott – wie geht das? Das war Nouwens Ansatz, dem er sich im letzten Abschnitt seines Lebens mit besonderer Hingabe widmete. Die »Arche« drängte ihn, mehr unausgesprochen als ausgesprochen, und er ließ sich drängen. Er ließ sich einspannen in diesen missionarischen und prophetischen Auftrag, der von der »Arche« ausgeht. Er ließ sich von Menschen wie Adam senden, er war unterwegs in Adams Namen.

Henri wusste, dass er eine besondere Gabe zum Schreiben hatte, die Fähigkeit, Erfahrungen und tiefe Einsichten so ins Wort zu fassen, dass andere davon profitierten. Um das umzusetzen, zog er sich immer wieder zurück. In »Daybreak« zu schreiben fiel ihm nicht leicht: Zu sehr war er dort gefordert, zu häufig wurde er unterbrochen und immer wieder als Seelsorger gefragt. Wenn er weg war, konzentrierte er sich ganz auf das Ziel, ein Buch zu Ende zu bringen.

Das vorliegende Buch hat Henri Nouwen nicht mehr selbst beenden können, wie Sue Mosteller in ihrem Nachwort schreibt. Von ihr wurde der Text nach seinem plötzlichen Tod 1996 fertiggestellt und veröffentlicht. »Adam und ich« gehört also zu den letzten Werken

Henri Nouwens. Hier bündelt sich sein Leben, kommt zum Abschluss, auch wenn er viel zu früh gestorben ist. Aber vielleicht erahnte er seinen Tod, vielleicht wusste er, dass er nicht mehr allzu viel Zeit hatte. Vielleicht war das der Grund, warum er so drängte, warum er gegen den Rat anderer das Buch unbedingt sofort nach Adams Tod beginnen wollte.

Adam hatte ihn zur Mystik geführt. Daher ist dieses Buch auch eine Art Glaubensbekenntnis: nicht als Auslegung einzelner Aussagen der Glaubenslehre, sondern indem Henri Nouwen das Leben Adams in das Leben Jesu hineinerzählt, angefangen vom verborgenen Leben über seine Passion, bis hin zu Tod und Auferstehung, ja bis hin zum Pfingstfest, wo er seinen Geist hinterlässt. In Adam begegnete Henri Nouwen Jesus, und in Adam sah er sein eigenes Leben vorgezeichnet, den Weg, auf dem er selbst dem verborgenen Gott begegnen konnte. Einem Gott, den man mit Worten nicht erfassen kann. Worte, das hatte Henri Nouwen von Adam gelernt, Worte vermochten nicht alles. Den Worten alles zuzuschreiben: darin lag ein Irrtum. Die eigentliche Wahrheit reichte tiefer. Für diese Wahrheit galt es, alles zu geben.

*Heiner Wilms CSJ, Bonn*

HENRI NOUWEN

# *Adam und ich*

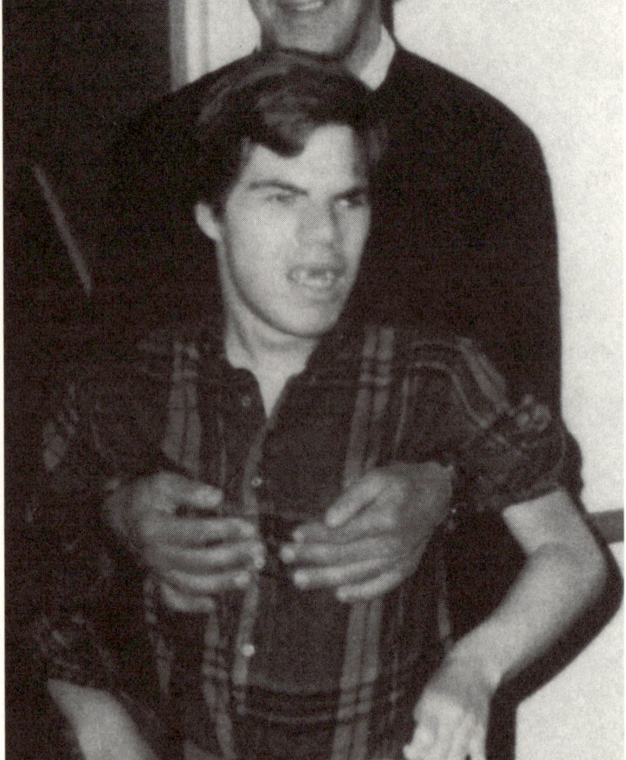

## EINFÜHRUNG
### *Wie es zu diesem Buch kam*

Die Anfänge dieses Buches reichen in den September 1995 zurück, in die Zeit, da mir die »Arche« Daybreak anlässlich meines zehnjährigen Jubiläums als Seelsorger dieser Gemeinschaft ein Sabbatjahr gewährte. Da ich vor allem schreiben wollte, entschloss ich mich, dieses freie Jahr für die Ausarbeitung verschiedener Themen, die mich bei meinem Dienst inspiriert und gestärkt hatten, zu verwenden. Viele dieser Gedankengänge standen im Zusammenhang mit meinem Leben in der Daybreak-Gemeinschaft, die mir ein wirkliches Zuhause geworden ist.

Ich hatte mich gefragt und darüber nachgedacht: »Woran glaube ich?« – »Was heißt das, wenn ich bete: Ich glaube an Gott: Vater, Sohn und Heiliger Geist?« – »Was meine ich damit, wenn ich die Glaubensartikel des Credo spreche?« Diese Fragen beschäftigten mich schon längere Zeit. Deshalb fasste ich den Entschluss, ein kleineres Buch über das Apostolische Glaubensbekenntnis zu schreiben.

Ich sprach darüber mit verschiedenen Leuten und schlug schließlich meinem Freund und Verleger Robert Ellsberg vor, ein zeitgemäßes Glaubensbekenntnis herauszubringen, zu dem ich das Manuskript verfasse.

Obwohl es mir in erster Linie darum ging, einen Weg zu finden, dem Glauben, den ich mein Leben lang zu leben versucht habe, neu Ausdruck zu geben, war ich überzeugt, damit auch vielen Männern und Frauen in unserer Welt, die mit denselben Fragen ringen und für die die traditionellen Glaubensformeln an Bedeutung und Aussagekraft verloren haben, zu helfen.

Robert Ellsberg war von dieser Idee begeistert und sammelte in kurzer Zeit eine Reihe von Veröffentlichungen über das Credo, die er mir zur Verfügung stellte. Schon nach kurzer Lektüre fand ich mich in komplizierte theologische Diskussionen über die Ursprünge und Formen der zentralen Aussagen des christlichen Glaubens verstrickt. Ich begann mich zu fragen, ob mein Plan, der zuerst so einfach schien, in Wirklichkeit nicht auf ein ehrgeiziges und anmaßendes Unterfangen hinauslaufe. Ich wollte einfach und in verständlicher Sprache darlegen, wie wir unser Leben im Namen Gottes, der uns liebt, leben können. Aber je mehr ich las, desto schwieriger erschien es mir, dieser Zielsetzung gerecht zu werden. Ich musste mich fragen, wie ich es denn wagen konnte, ein verantwortetes Buch über das Credo aller Christen schreiben zu wollen, nachdem mein wissenschaftlich-theologisches Leben schon über ein Jahrzehnt zurückliegt, und ich nicht die Absicht habe, tief gehende theologische Studien anzustellen. War ich denn jetzt nicht in erster Linie Seelsorger einer kleinen Gemeinschaft von Menschen mit geistigen Behinderungen? Sicherlich nicht die passendste Umgebung, um über die zwölf

Glaubensartikel zu diskutieren. Die meisten, mit denen ich in der Daybreak-Gemeinschaft zusammenlebe, artikulieren ihren Glauben nie systematisch, und für viele von ihnen ist es schwierig, wenn nicht gar unmöglich, über theologische Aussagen zu reflektieren.

Als ich mich zu fragen begann, ob mein Vorhaben nicht weit über meine Möglichkeiten hinausgeht, starb Adam Arnett. Adam war mein Freund, mein Lehrer und mein Wegbegleiter: Ein ungewöhnlicher Freund, denn er konnte Zuneigung und Liebe nicht so ausdrücken, wie es die meisten tun; ein ungewöhnlicher Lehrer, denn er konnte über Ideen und Begriffe nicht reflektieren; ein ungewöhnlicher Wegbegleiter, denn er konnte mir keine konkreten Hinweise oder Ratschläge geben. Adam war einer meiner ersten Hausgenossen, als ich in die »Arche« Daybreak kam. Er war der Erste, für den ich zu sorgen hatte, als ich mich der Arche-Gemeinschaft in Toronto anschloss, in der ich jetzt lebe.

Von dem Augenblick an, da ich Adam im Sarg liegen sah, war ich vom Geheimnis des Lebens und Todes dieses Mannes ergriffen. Blitzartig erfuhr ich in meinem Herzen, dass dieses schwerbehinderte menschliche Wesen von Ewigkeit her von Gott geliebt und von ihm mit einer einzigartigen Sendung zu heilen in die Welt gesandt wurde. Nun war seine Sendung erfüllt. Ich erkannte viele Parallelen zwischen der Geschichte Jesu und dem Leben Adams. Ich wusste noch etwas anderes. Ich wusste in meinem Innersten, dass Adam irgendwie und auf geheimnisvolle Weise ein Abbild des lebendigen Christus für mich geworden war, ebenso wie Jesus, der während seines Erdenlebens der Freund, Lehrer und Begleiter seiner Jünger war. In und durch Adam hatte ich zu einem wirklich neuen Verständnis dieser Beziehungen Jesu gefunden, und zwar nicht nur im Hinblick darauf, wie sie einmal vor langer Zeit gelebt wurden, sondern wie sie heute, auf mich und auf uns hin, mit den schwächsten und verwundbarsten Menschen im Sinne Jesu gelebt werden sollen.

Tatsächlich lernte ich nicht nur durch die Fürsorge für Adam mehr über Gott, sondern Adam half mir auch, durch sein Leben den lebendigen Geist Jesu in meiner eigenen »Armut im Geiste« zu entdecken und wiederzuentdecken. Jesus lebte vor langer Zeit, Adam aber lebte in meiner Zeit. Jesus war seinen Jüngern leiblich gegenwärtig. Adam war mir leiblich gegenwärtig. Jesus war der Immanuel, der »Gott mit uns«. Adam wurde für mich eine gottgesegnete Person, ein heiliger Mensch, ein Abbild des lebendigen Gottes.

War Adam so außergewöhnlich? War er irgendein besonderer Engel? Ganz und gar nicht. Adam war ein Mensch unter vielen. Aber ich hatte eine Beziehung zu Adam, durch die er für mich ein besonderer Mensch wurde. Ich liebte ihn, und unsere Beziehung war eine der bedeutungsvollsten meines Lebens. Adams Tod traf mich tief, denn mehr als viele Bücher oder Professoren führte er mich zum Menschen Jesus. Sein Tod war ein Weckruf. Es war, als sagte er mir: »Jetzt, da ich dich verlassen habe, kannst du über mich schreiben und deinen Freunden und Lesern berichten, was ich dich über das

Geheimnis unseres wunderbaren Gottes, der Mensch geworden ist, unter uns gewohnt und uns den Heiligen Geist gesandt hat, gelehrt habe.«

Als ich nach Adams Begräbnis wieder an meinem Schreibtisch saß, stellte sich mir erneut die Frage: »Woran glaube ich?« Und bald wurde mir klar, dass Adam und meine Freundschaft mit ihm mir helfen könnten, diese Frage zu beantworten. Ich legte die gesammelten theologischen und historischen Beiträge beiseite und begann, über das Leben und die Berufung dieses bemerkenswerten Mannes, der nahezu im gleichen Alter wie Jesus, genau gesagt mit vierunddreißig Jahren, gestorben war, nachzudenken. Als ich sein kurzes Leben im Geist und im Herzen vorüberziehen ließ, wurde mir deutlich, dass Adams Lebensgeschichte mir die Worte anbieten würde, um so über meinen Glauben und das Credo der Christen zu sprechen, dass ich leicht verstanden werde. Adam, der nie ein Wort gesagt hatte, wurde für mich mehr und mehr zu einer sprudelnden Wortquelle, aus der ich schöpfen konnte, um meine innerste Überzeugung als Christ, der an der Wende zum dritten Jahrtausend lebt, auszusprechen. Er, der so schwach und verwundbar war, wurde mir eine starke Stütze und Hilfe, meinen Glauben an den Reichtum Christi zu verkünden. Und er, der mich nicht ausdrücklich zu erkennen vermochte, sollte anderen durch mich helfen, Gott in ihrem Leben zu erkennen.

Adams unerwarteter Tod und meine Trauer führten mich an einen Ort in mir, nach dem ich gesucht hatte und von dem aus ich über Gott und Gottes Eintreten in die Geschichte der Menschheit sprechen konnte. Ich war mir darüber klar geworden, dass seine Geschichte mir dabei helfen kann, die Geschichte Jesu zu erzählen, so wie Jesu Geschichte mir eine Hilfe war, Adams Geschichte zu verstehen.

Er hätte auch John oder Peter heißen können. Dass der, welcher mir Jesus in einer ganz besonderen Weise vor Augen gestellt hatte, Adam hieß, war purer Zufall, wenngleich ein Zufall nicht ohne Fügung. Wie der erste Adam, so steht auch unser Adam für jeden Menschen. Umso leichter stellt sich dadurch die Frage: »Welches ist dein Adam, der zu dir von Gott spricht?«

Ich begann zu schreiben, und wahrscheinlich wird es mir nie besser gelingen, über das Apostolische Glaubensbekenntnis zu schreiben, als in der folgenden Geschichte. Adam ist die Tür, um dieses Glaubensbekenntnis sprachlich auszudrücken. So schreibe ich in Liebe und Dankbarkeit für ihn und unsere besondere Beziehung. Zugleich schreibe ich in der großen Hoffnung, dass viele Leser durch Adams Geschichte Gottes Geschichte unter uns zu erkennen vermögen und dadurch die Kraft finden, neu und überzeugt zu sagen: »Ich glaube!«

1

# Adams verborgenes Leben

Adam wurde am 17. November 1961 als zweites Kind von Jeanne und Rex Arnett geboren. Er war ein hübsches Baby, das seinen Eltern, dem acht Jahre älteren Bruder Michael und seinen Großeltern viel Freude bereitete. Da Michael an epileptischen Anfällen litt und ständige Fürsorge und Betreuung brauchte, drängten Jeanne und Rex darauf, Adam beizeiten gründlich auf Epilepsie zu untersuchen. Zu ihrer großen Erleichterung fielen alle Tests negativ aus.

Aber Adam trank sehr langsam, zum großen Kummer seiner Mutter. Als er drei Monate alt war, bekam er eine schwere Mittelohrentzündung mit hohem Fieber. Jeanne war sich bei seinem ersten Anfall sofort im Klaren. Sie wickelte das Baby in eine Decke, nahm es ängstlich auf den Arm und suchte eine Nachbarin auf, die Krankenschwester war und beide sogleich in ein Krankenhaus brachte. Es dauerte nicht lange, bis der Arzt in der Nacht bestätigte, dass auch Adam Epileptiker war.

Adam brauchte einige Zeit, um krabbeln zu können, und war schon über ein Jahr alt, bis er allein aufrecht stand. Danach ging er längere Zeit auf Erkundigung durch das Haus, wobei er sich an den Möbeln festhielt und langsam, vorsichtig und sicher Schritt für Schritt machte. Eines Tages – inzwischen war er zwei Jahre alt – ließ er sich schließlich los und ging ohne Hilfe weiter. Seine Eltern waren entzückt.

Es folgten Anfälle, und Medikamente mussten eingenommen werden, aber im Grunde gab es für Adam mehrere Jahre, in denen es ihm körperlich recht gut ging. Er lernte nie sprechen, befolgte jedoch Anweisungen, wusste, was um ihn herum geschah, und vermochte, sich auf eigene Weise verständlich zu machen. Wenn sein Vater summte und mit einem Finger über Adams Kopf kreiste, bis die »Biene« sanft auf seiner Nase landete, griff Adam nach dem Arm seines Vaters und machte die Kreisbewegungen in der Luft nach, um zu zeigen, dass er noch einmal »Biene spielen« sollte.

Mittlerweile war Adam vier Jahre alt und hatte sich bestimmte Muster angeeignet, nach denen er seine »Ausflüge« unternahm. Mit Vorliebe marschierte er hinter das Haus, wo er auf den Gartentisch kletterte und wartete, bis ihm seine Mutter ein Glas Saft brachte. Dann kroch er zu dem Tischende, an dem keine Bank stand, und versuchte, wieder auf den Boden zu kommen. Aber kaum hingen seine Beine über die Tischkante, rührte er sich weder vorwärts noch rückwärts. Er rief auch nicht, sondern wartete ganz einfach, bis man ihn aus dieser Lage rettete. Man hatte ihm oft gezeigt, wie er wieder hinuntergelangen kann, aber diese Art war ihm lieber. Seelenruhig wartete er auf Hilfe. Dieses einfache Warteverhalten, das sich so früh zeigte, war das hervorstechende Merkmal seines Lebens.

Im Gegensatz zu anderen Kindern seines Alters konnte Adam weder sprechen noch spielen. Er hatte keine Gelegenheit, Freundschaften zu schließen oder seinen Horizont zu erweitern. Mit Ausnahme seiner Familie feierte kaum jemand Adams Größerwerden und seine Entwicklung, die mehr im Zusammenhang mit seinen Behinderungen gesehen wurden.

Adam verließ das Haus mit Vorliebe von der hinteren Seite und ging dann die Straße ein Stück hinauf und hinunter. Obwohl vier Häuser in seiner Straße fast gleich aussahen, wusste er immer, wo er zu Hause war, und ging keinen Schritt weiter. Wenn er es eilig hatte, stapfte er mit erhobenen Armen die Straße hinunter. Manchmal sahen ihn dabei die Nachbarn und riefen die Eltern an, weil sie fürchteten, dass er davonlaufen wollte.

Auch nachdem er dem Kindersitz des Einkaufswagens im Supermarkt längst entwachsen war, wollte Adam unbedingt beim Einkaufen dabei sein. Also nahm ihn Jeanne mit, setzte ihn in den Wagen und legte die ausgewählten Waren auf ihn drauf. »Am Anfang verhielt er sich ganz still«, erinnert sich Jeanne, »aber, sobald ich mich umdrehte und nach etwas suchte, griff er nach den nächstbesten Dingen im Regal und legte sie in den Wagen. Ich konnte ihn schimpfen und ihm sagen, dass ich das nicht wollte, aber er versuchte es immer wieder. Anfangs saß er still da, doch als die Waren sich langsam auf ihm stapelten, wurde er unruhig und warf alles durcheinander. Ich musste ihm immer wieder deutlich machen, dass wir bald fertig wären und ich in ein paar Minuten alles ausladen würde. Wenn der Einkaufswagen mit der Zeit voll wurde, packte er einen Artikel nach dem anderen, streckte langsam und ruhig den Arm über den Rand und ließ einfach los. Ich kam wegen Adam oft mit größeren Einkäufen nach Hause, als ich wollte; und oft auch mit weniger!« Dennoch behielten Jeanne und Rex ihren Sinn für Humor.

Adam aß gern, und besonders gern den Nachtisch. Da Michael viel redete und oft nicht auf das Essen auf seinem Teller achtete, fuhr Adam mit seinem Löffel immer wieder in den Nachtisch seines Bruders. Wenn er einmal kurz wegschaute, versuchte Adam ab und zu sogar, Michaels Teller an sich zu ziehen. Rex und Jeanne hatten ihren Spaß an den kleinen Schwächen Adams.

Die Abstellkammer der Arnetts befand sich auf einem Absatz am oberen Ende des Treppenhauses. Eines Tages bemerkte Rex, dass Adam die Tür aufgemacht und den Staubsauger aus der Kammer gezogen hatte. Adam war sichtlich begeistert, als er merkte, dass er das Gerät Zentimeter für Zentimeter an die Treppenkante ziehen konnte. Rex erzählt: »Ich stand unten an der Treppe und freute mich, als ich sah, dass Adam etwas im Schilde führte. Deshalb rief ich Jeanne, um auch ihr diesen Anblick zu gönnen. Adam ließ sich nicht stören. Doch bei jedem Schubs, den Adam dem Staubsauger in Richtung Treppe gab, warf er uns einen Blick zu, so als wüsste er irgendwie, dass er einen Unfug vorhat. Schließlich gab er dem Staubsauger noch einen Stoß, und mit Gepolter purzelte dieser von Stufe zu Stufe vor meine Füße.«

Rex erzählte diese Geschichte, als handelte sie von einem kleinen Sieg. Adam hatte etwas getan! Etwas mit Krach und mit Gepolter. Rex war davon so gepackt, dass er Adam zurief: »Machs noch mal!« Und mit einem Lachen beendet Rex die Geschichte: »Wir hätten gern einen neuen Staubsauger gekauft, nur um Adam die Möglichkeit zu geben, ihn wieder die Treppe hinunterzuschubsen und seine Kraft auszuprobieren.«

Adam erfüllte nicht die Aufnahmebedingungen für die Schule, was zur Isolation während seiner Kindheit beitrug. Als er acht Jahre alt war, machte Jeanne eine Elterngruppe ausfindig, die ein kleines Ausbildungsprogramm für behinderte Kinder aufgestellt hatte, das von freiwilligen Helfern durchgeführt wurde. Daran konnte Adam täglich zwei Stunden teilnehmen. Er war schon zehn, als er schließlich die Schule besuchen durfte. Aber oft kam er zu spät oder musste wegen eines Anfalls vorzeitig abgeholt werden. Sein Schulleben war ebenso eingeschränkt wie sein gesellschaftliches Leben. Adam wurde kaum zu einer Geburtstagsfeier mit anderen Kindern eingeladen und verbrachte den größten Teil seiner Kindheit zu Hause, verborgen im engsten Kreis der Familie.

Trotz allem entwickelte er eine Schwäche für Sport. Kurz nachdem er in die Schule gekommen war, fing Adam an, auf seinem Bett auf und ab zu springen, egal ob bei Tag oder bei Nacht. Seine Eltern waren froh, wenn Adam etwas von sich aus tat. Aber dieses Hoch- und Runter-Springen war gefährlich. Sie fürchteten, er könnte sich verletzen, und versuchten, ihm immer wieder klarzumachen, dass das Bett nicht der richtige Platz zum Trampolinspringen ist. Adam hingegen war der Überzeugung, dass es sehr gut dafür geeignet sei! Also verstärkte Rex den Lattenrost, der dennoch ständig repariert werden musste, bis eines Tages schließlich das ganze Bett zusammenbrach.

Wenig später zeigte die Lehrerin den Eltern ein schlecht aufgenommenes Video eines Schülers, der auf einem Trampolin auf und ab sprang. Jeanne fragte, wessen Kind das sei, worauf die Lehrerin erstaunt erwiderte: »Das ist doch Ihr Kind!« Des Rätsels Lösung war gefunden.

Adam war in seiner Kirche nicht vollständig anerkannt. Es tat den Eltern weh, als sie hören mussten, dass Adam wegen seiner Behinderung nicht mit den anderen Kindern seines Alters die Erste Heilige Kommunion und das Sakrament der Firmung empfangen konnte. Dies war erst später im Rahmen einer kleinen Gruppe möglich, zu der die Eltern Kontakt gefunden hatten und die den Austausch von Glaubenserfahrungen pflegte. In diesem kleinen Kreis von Freunden feierte Adam sein kleines Fest.

Während der Jahre seines verborgenen Lebens teilte sich Adam auf seine eigene, besondere Art anderen mit, wurde dabei aber nicht immer gut verstanden. Es wurde für Adam ein schwieriges Jahr, als man bei ihm Schwerhörigkeit diagnostizierte. Spezialisten untersuchten ihn und verordneten ihm ein Hörgerät, das er zutiefst verabscheute. So sehr man ihm auch zu helfen versuchte, sich daran zu gewöhnen, wies er monatelang die Hörmuscheln ab und ließ nichts unversucht, sie sich aus den Ohren zu reißen. Erst nach fast einem Jahr zeigte eine zweite Diagnose, dass er nicht schwerhörig war und dass das Hörgerät die Geräusche, die er ohnehin gut hören konnte, so sehr verstärkte, dass es ihm wehtat. Adams Vater sagte dazu: »Ich glaube, er hat dabei viel gelitten. Aber wir haben es nicht verstanden, weil er uns nichts sagen konnte.«

Adam war nicht imstande, die Uhr zu lesen, wusste aber, wann Essenszeit war. Jeden Nachmittag ging er um fünf Uhr in die Küche, schob langsam die Türen des Küchenschranks auf, holte einen Topf heraus und stellte ihn auf den Herd. Damit erinnerte er Jeanne daran, dass es Zeit war, das Abendessen vorzubereiten. Wenn Jeanne diesen Hinweis nicht beachtete, klapperte er mit dem Topf, um sicher zu sein, dass sie »hörte«, und klarzustellen, dass das Abendessen jetzt Vorrang hatte.

Als Adam dreizehn Jahre alt war, nahm er an einem zweiwöchigen Hygiene-Übungskurs in einem Zentrum für Behinderte teil. Er hatte zwei Eigenarten, die den Kursleitern unbekannt waren: Er aß gern und konnte nur Wasser lassen, wenn er Windeln anhatte oder seine Jockeyshorts trug. Während die Kursleiter sich einerseits darüber freuten, dass er als Einziger den Speisesaal allein fand, konnten sie andererseits nicht verstehen, warum er nach drei, wenn nicht gar vier Stunden ergebnislosem Sitzen auf der Toilette einem regelrechten Sturzbach freie Bahn ließ, sobald er wieder seine Jockeyshorts anhatte! Am Ende des Kurses holte Rex Adam in seinem nagelneuen Auto ab. Es muss ein langer Übungsnachmittag vorausgegangen sein, denn kaum saß Adam im Wagen, wurde dieser sofort »getauft«. Adam lächelte.

Wenig später, als Adams Vater einmal an einer Tagung teilnehmen musste, war Jeanne mit den beiden Jungen allein zu Hause. Es ergab sich, dass sie in einem der oben gelegenen Zimmer etwas holen musste, und sie sagte zu Michael: »Behalt doch deinen Bruder einen Moment im Auge, ich bin gleich wieder da.«

Während sich Jeanne noch im oberen Stock aufhielt, klingelte das Telefon. Sie nahm den Hörer ab, als Michael plötzlich zu schreien anfing: »Mama, Mama, komm schnell! Hilfe! Hilfe!«

Jeanne rannte die Treppe hinunter und sah Adam blutüberströmt neben dem Sofa liegen. Als sie sich über ihn beugte und vorsichtig seinen Kopf hochhob, sah sie zu ihrem Schrecken, dass er gestürzt war und sich dabei mit voller Wucht die Vorderzähne ineinander gebissen haben musste, da sich die Schneidezähne tief ins Zahnfleisch gebohrt hatten. Adam wurde sofort in ein Krankenhaus gebracht, wo man eine Kieferoperation vornahm und die gelockerten Zähne mit Spangen wieder zu befestigen versuchte. Die Ärzte sagten den Eltern, dass Adam sich beim Sturz während eines plötzlichen Anfalls eine tiefe Wunde in Form eines V in die Zunge gebissen hatte, aus der das Blut regelrecht herausgeschossen war.

Dieser epileptische Anfall und der schwere Sturz änderten Adams Leben. Nach einer eingehenden Untersuchung im Krankenhaus entschieden sich die Ärzte für eine Behandlung mit neuen Medikamenten. In den folgenden Tagen sagte seine Mutter immer wieder zu den Krankenschwestern, dass ihr Junge, der regungslos im Bett lag, nicht mehr derselbe, wie zu Hause war, wo er allein herumgehen konnte und am Geschehen im Haushalt teilgenommen hatte. Man sagte ihr: Was getan werden konnte, sei getan. Sie könne ihren Sohn wieder nach Hause nehmen.

Drei Tage nach seiner Rückkehr rief Jeanne eine Krankenschwester des Gesundheitsamtes an, um sich Rat zu holen. Die Krankenschwester fand schließlich des Rätsels Lösung: Bei der Verordnung der neuen Medikamente wurde versäumt anzugeben, dass die bisherigen Mittel abzusetzen sind, sodass Adam mehrere Tage Überdosen erhielt. Die Folge waren dauerhafte Schäden. Adam war nach diesem Experiment nicht mehr derselbe wie früher. Er zeigte sehr wenig Energie und hatte viel von seiner Fähigkeit verloren, hierhin und dorthin zu gehen und seine Aktivitäten selbst zu bestimmen. Er war beim Gehen auf Hilfe angewiesen und musste oft getragen werden. Die Anfälle traten häufiger auf und erschöpften ihn. Wenn er sich wegen einer Magenverstimmung oder aus irgendeinem anderen Grund nicht wohlfühlte, ging er zur Mutter oder zum Vater und drückte sie mit beiden Armen an sich. Er hatte es gern, so bei seinen Eltern zu sein, und war dann zufrieden.

Wenn ich Rex frage, wie Adam war, antwortet er: »Adam war unser Friedensstifter. Mit seiner einfachen, ruhigen Anwesenheit führte er uns auch an einen ruhigen Ort in uns selbst und schuf damit bei uns zu Hause eine Atmosphäre der Liebe.«

Rex spricht nicht viel über die viele Arbeit und Mühe, die die Sorge um Michael und Adam für ihn und Jeanne mit sich brachten: Aus dem Bett heben, baden, rasieren, füttern, an- und ausziehen, zur Schule bringen und bestimmte Beschäftigungsprogramme mit ihnen absolvieren, Besuche bei Ärzten und Spezialisten – das alles und mehr bedeutete eine Riesenaufgabe.

Als bei Jeanne ein gefährlich hoher Blutdruck festgestellt wurde, riet man ihr, für Michael und Adam einen festen Platz in einem Behindertenheim zu suchen. Schon der Gedanke daran erschien Rex und Jeanne als Eltern völlig abwegig, wenngleich ihnen klar war, dass sie ihre beiden Söhne auf lange Sicht nicht zu Hause behalten konnten. Adam und Michael wuchsen heran, während die Sorge um sie immer größere Probleme mit sich brachte. Es war an der Zeit, für sie eine neue Umgebung zu finden. Aber wo?

Den Eltern war die »Arche« Daybreak schon deshalb bekannt, weil einige Mitglieder dieser Gemeinschaft an den Treffen einer kleinen Glaubensgruppe teilnahmen, der auch sie angehörten. Die »Arche« ist eine internationale Vereinigung von Gemeinschaften, die sich vom Geist der Bergpredigt leiten lassen und 1964 von dem Kanadier Jean Vanier gegründet wurden. Zu jeder Gemeinschaft gehören verschiedene Häuser in ganz normaler Umgebung, in denen behinderte Menschen mit ihren Assistenten wohnen und ein Leben im

Geiste gegenseitigen Gebens und Nehmens teilen. Die »Arche« glaubt, dass »Menschen mit einer geistigen Behinderung oft die Fähigkeit des Offenseins, des Staunenkönnens, der Spontaneität und Unkompliziertheit besitzen« und dass »sie eine lebendige Erinnerung für eine reichere Welt der wesentlichen Werte des Herzens sind« (aus der Satzung der Arche).

Die Arnetts hatten die Daybreak-Gemeinschaft schon bei verschiedenen Gelegenheiten besucht. Wenn sie auch wussten, dass ihre Mitglieder gutwillige Leute waren, konnten sie sich schwer vorstellen, ihre Kinder dieser unerfahrenen Gruppe junger Assistenten anzuvertrauen. Als Eltern sahen sie zwar, wie viel Liebe und Fürsorge hier den Behinderten zuteilwurde, aber die Gruppe war groß und die in ihr vorherrschende Umgangsform zwanglos. Die Eltern von Michael und Adam fürchteten, dass man den Bedürfnissen ihrer Söhne nicht gerecht werden würde. Dennoch stellten sie eine Anfrage, aber nur, um gesagt zu bekommen, dass die Gemeinschaft bisher noch niemanden mit Epilepsie oder einem anderen Leiden, das intensive medizinische Betreuung verlangt, aufgenommen hat und dass sie derzeit nicht in der Lage war, jemanden als Mitglied, das so umfassende Betreuung brauchte wie Adam, aufzunehmen, dass aber Michael durchaus infrage kommen könnte, da er allein gehen und sich wenigstens teilweise selbst versorgen konnte.

Darauf folgte eine lange und schmerzliche Suche, bei der die Eltern in ihrer Sorge viele Vermittlungsstellen, Pflegeheime und andere entsprechende Einrichtungen aufsuchten. Geschockt und entsetzt sahen sie, um was für »freie Plätze« es sich handelte, die ihnen für Adam angeboten wurden: in einer muffigen, trostlosen Umgebung und ohne Kontakte zur Außenwelt. Rex sagte, dass er in diesen ganzen Jahren zum ersten Mal erfahren hat, was Hoffnungslosigkeit heißt.

So kamen sie wieder nach Daybreak. Als ein Platz frei wurde, zog Michael mit Widerstreben in das sogenannte »Grüne Haus« der Daybreak-Gemeinschaft ein. Einige Zeit später fand Adam einen Platz in einem Hospital für chronisch Kranke, das in der Nähe seines Elternhauses lag. Vater und Mutter konnten ihn dort täglich besuchen, was sie tatsächlich fünf Jahre lang taten.

Diese Übergangsjahre waren für Rex und Jeanne wie ein langes Fegefeuer, ganz zu schweigen von Michael und Adam. Michael war traurig und vermisste die vertraute Atmosphäre und die Fürsorge der Familie. Er war während der ersten Zeit in Daybreak sehr unglücklich und bedrängte die Eltern, wieder nach Hause zu dürfen, um all das, was er nicht mehr hatte, wiederzuhaben. Adam verlor in der unpersönlichen Umgebung eines Hospitals mit Menschen, die ständiger Pflege bedürfen, sowohl an Gewicht als auch seine Fähigkeit, zu stehen, zu gehen oder sich allein irgendwie fortzubewegen. Rex und Jeanne, deren eigene Persönlichkeit so sehr von der Beziehung zu ihren Söhnen geprägt war, blutete das Herz. Nun mussten sie beide der Obhut anderer anvertrauen, Menschen, die Michael und Adam nicht kannten und die ihnen niemals dieselbe Liebe und Aufmerksamkeit schenken konnten, die sie selber ihnen bisher entgegengebracht hatten. Sie fragten sich immer wieder: »Gibt es denn keine andere Lösung?« – »Wird Adam jemals ein Zuhause haben?«

Wenn ich diesen Lebensabschnitt Adams betrachte, erscheint mir eine Parallele zum Leben Jesu zu Hause in Nazaret naheliegend. Jesus kam nicht in Macht und Stärke. Er kam in Ohnmacht und Verwundbarkeit. Der größte Teil seines Lebens vollzog sich in der Verborgenheit. Er teilte das Menschsein als hilfloser Säugling, als kleines Kind, als zum Widerspruch geneigter Heranwachsender und als gereifter Erwachsener. Wie das Leben Jesu in Nazaret erwies sich auch das verborgene Leben Adams als eine unsichtbare Vorbereitung auf die Zeit seines Dienstes an vielen Menschen, obwohl weder er noch seine Eltern es in dieser Weise betrachteten.

Ich will damit nicht sagen, dass Adam ein zweiter Jesus war, sondern dass wir wegen der Verwundbarkeit Jesu Adams äußerst verwundbare Existenz als ein Leben von außergewöhnlicher spiritueller Bedeutung ansehen dürfen. Adam besaß keine einzigartigen heroischen Tugenden: Er tat sich durch nichts hervor, worüber Zeitungen berichten würden. Aber ich bin überzeugt, dass Adam dazu erwählt war, mit seiner Gebrochenheit Zeugnis von Gottes Liebe zu geben. Dies festzustellen bedeutet nicht, ihn romantisch zu verklären oder sich von Gefühlen beherrschen zu lassen. Adam war wie wir alle ein Mensch mit Beschränkungen, wenngleich mit größeren Beschränkungen als die meisten von uns, und er war nicht fähig, sich in Worten auszudrücken. Dennoch war er voll und ganz eine Person und ein von Gott Gesegneter. In seiner Schwachheit wurde er zu einem einzigartigen Werkzeug der Gnade Gottes. Er wurde eine Offenbarung des lebendigen Christus unter uns.

Adam besaß ein inneres Licht, das ausstrahlte. Es war von Gott. Er hatte wenig Ablenkungen, wenig Vorlieben und wenig Ambitionen, um sein Inneres auszufüllen. Darum musste Adam keine geistlichen Übungen machen, um leer für Gott zu werden. Seine sogenannte »Behinderung« beschenkte ihn damit. Gott war für ihn nie Gegenstand einer intellektuellen oder emotionalen Suche. Wie bei Jesus konnten auch bei ihm nur diejenigen sein Von-Gott-geliebt-Sein, sein Gott-ähnlich-Sein und seine Sendung als Friedensstifter erkennen, die gewillt waren, ihn als den Gesandten Gottes aufzunehmen.

Die meisten betrachteten Adam als einen behinderten Menschen, der wenig zu geben hatte und eine Last war für seine Familie, für seine Gemeinschaft und für die Gesellschaft überhaupt. Und solange er so angesehen wurde, blieb seine Wahrheit verborgen. Was nicht angenommen wird, ist nicht gegeben.

Aber Adams Eltern liebten ihn einfach deshalb, weil er Adam war. Ja, sie erkannten und liebten ihn um seinetwillen. Ohne sich dessen bewusst zu sein, nahmen sie ihn auch auf als den in äußerster Verwundbarkeit von Gott Gesandten, damit er ein Werkzeug des Segens Gottes sei. Betrachtet man Adam in diesem Licht, ändert sich alles von Grund auf, da er dann als jemand in Erscheinung tritt: als ein besonderes, wunderbares und geschenktes Kind der Verheißung.

Seine Transparenz sollte es uns später in Daybreak und darüber hinaus ermöglichen, etwas von Gottes unbedingter Liebe zu erkennen. Seine wunderbare Gegenwart und sein unschätzbarer Wert sollten uns erleuchten und zur Einsicht führen, dass auch wir, ebenso wie er, kostbare, begnadete und geliebte Kinder Gottes sind, ob wir uns selbst als reich oder arm, intelligent oder geistig behindert, attraktiv oder hässlich ansehen. Als ein geistlicher Lehrer sollte er uns behutsam an die Orte in uns führen, an die wir lieber nicht rühren möchten, sodass jeder seine wahre Berufung erkennen und leben konnte. In der Beziehung zu ihm sollten wir eine tiefere, wahrhaftigere Identität finden.

Doch diese ganze Verheißung war in seinen frühen Lebensjahren noch verborgen. Ich glaube nicht, dass Adams Eltern sich über ihren Sohn in dieser Perspektive Gedanken gemacht oder über ihn gesprochen haben. Ebenso wenig, wie ich meine, wie es die Eltern Jesu taten. Das schließt jedoch nicht jenes Verständnis des Mysteriums seines Lebens aus, das sich nach seinem Tod mehr und mehr durchsetzte. Es ereignete sich bei Jesus und ereignete sich bei Adam. Und zudem ereignete es sich in gleicher Weise bei den meisten Menschen, die als große geistliche Gestalten in die Geschichte der Kirche eingegangen sind. In den Augen Gottes ist das Bedeutungsvollste oft das am meisten Verborgene.

Die Geschichten aus Adams Leben während der achtzehn Jahre im Hause der Eltern sind nichts Außergewöhnliches. Darin gibt es keine Wunder oder irgendwelche ungewöhnlichen Ereignisse, darin geht es um eine kleine Familie, die in ihrem Hause am Rande der Stadt lebt und versucht, ein normales Leben mit zwei liebenswerten, aber eben nicht normalen Söhnen zu leben. Diese Geschichten handeln von Adam, dessen Schönheit und Unversehrtheit allen, die ihm begegneten, geheimnisvoll verborgen blieb, mit Ausnahme seiner Eltern und ein paar »erleuchteten« Freunden.

2

## *Adams Wüste*

Die Evangelien berichten, dass Jesus gleich nach seiner Taufe im Jordan vom Geist in die Wüste geführt wurde. Dort wanderte er vierzig Tage lang umher und wurde vom Satan in Versuchung geführt (vgl. Matthäusevangelium 4,1–11; Markusevangelium 1,12–13; Lukasevangelium 4,1–13). Die Wüste ist im geistlichen Leben ein Ort der Versuchung, der Prüfung und der Läuterung. Auch Adam durchlebte eine »Wüstenzeit«.

Das Hospital für ständig Pflegebedürftige weigerte sich aufgrund von Bestimmungen der Gesundheitsbehörde, Adam aufzunehmen, solange er nicht das achtzehnte Lebensjahr vollendet hatte und damit berechtigt war, eine staatliche Behindertenrente zu beziehen. Als der erste Betrag eingegangen war, wandte sich Jeanne an die Hospitalverwaltung und legte den Überweisungsbeleg vor. Er wurde anerkannt, und Adam erhielt ein Bett.

Gleich am ersten Tag wurden Jeanne und Rex die Zimmergenossen Adams vorgestellt: ein bettlägeriger Achtzigjähriger, der einen Schlaganfall erlitten hatte und sich nicht mehr verständigen konnte, ferner ein gutmütiger Mann, der an multipler Sklerose litt, und ein junger Jamaikaner, der sich bei einem Arbeitsunfall einen Halswirbelbruch zugezogen hatte und jetzt gelähmt war. Das Zimmer war geräumig und hatte zwei große Fenster. Adams Bett stand in der Nähe der Tür.

Als seine Mutter am Nachmittag des folgenden Tages Adam besuchte, saß er angekleidet und still in seinem Rollstuhl, aber an Händen und Füßen sowie in der Taille angebunden. Entsetzt, fassungslos und traurig sagte sie dem Pflegepersonal, dass Adam wirklich nirgends hingehen würde und diese Vorkehrungen nicht notwendig wären. Mit der Zeit lernte man Adam und seine Bedürfnisse kennen.

Im Hospital gab es zu wenig Personal, sodass selten jemand bei den Patienten bleiben, ihnen geistige Anregung geben oder mit ihnen ein paar Schritte machen konnte. Was die körperlichen Bedürfnisse betrifft, wurden die Patienten vorschriftsmäßig versorgt. Das Essen wurde auf Tabletts gereicht, aber das Leben war öde, langweilig und einsam.

Schon nach kurzer Zeit übernahmen die Eltern die Verantwortung für Adams Mittags- und Abendmahlzeiten. Waren die Eltern einmal verhindert, wurden Freunde gebeten, Adam zu füttern. Auf diese Weise bekam Adam regelmäßig Besuch, hatte Ansprache und wurde dabei ein bisschen verwöhnt, eben so, wie man nur von jemand verwöhnt werden kann, der einen kennt.

Während der fünf Jahre, in denen Adam seine Wüstenzeit durchlebte, teilte er nie seine Gefühle und Gedanken über sein Dasein im Pflegehospital mit. Er vermochte weder zu protestieren noch zu reklamieren, um seine Lebensbedingungen zu verbessern; selbst seine Einsamkeit, seinen Kummer oder seine schlechte Laune konnte er nicht zeigen. Viele Stunden während des Tages und der Nacht war er allein und still, wartete er geduldig auf ein Zuhause.

An den Wochenenden kam Adam regelmäßig nach Haus. Rex sagt dazu: »Er war so gut zu haben. Wir haben es genossen, wenn er bei uns war.« Während Rex und Jeanne verzweifelt versuchten, Adam das Leben so angenehm wie möglich zu machen, richtete sich ihre Hauptsorge darauf, einen Ort für ihn zu finden, der sein Zuhause werden könnte. Sie suchten und suchten: sprachen in Heimen vor, erkundigten sich in Vermittlungsbüros, besichtigten entsprechende Häuser und Einrichtungen in den verschiedensten Teilen Ontarios, immer in der Hoffnung, eine geeignete Bleibe für Adam zu finden.

Eines Tages stellte Rex fest, dass Adam bei einem Anfall erneut auf das Kinn aufgeschlagen war, sodass die Schneidezähne sich wieder tief ins Zahnfleisch gebohrt hatten, ohne dass es jemand aufgefallen war. Rex erfuhr nicht, wie lange Adam schon auf ärztliche Hilfe oder lindernden Beistand gewartet hatte. Als Rex um Hilfe bat, sagte man ihm, dass es im Pflegehospital keinen eigenen Zahnarzt gebe und er selbst für die Behandlung sorgen müsse. Bei dieser Gelegenheit verlor Adam beide Schneidezähne.

Rex und Jeanne schlossen mit Adams Zimmergenossen Peter Freundschaft. Peter sah mit seinem dichten, schwarzen und buschigen Haar manchmal ziemlich verwegen aus, war aber im Grunde ein sehr geduldiger und freundlicher Mann. Er hatte gewissermaßen die Rolle des Sprechers für Adam übernommen. Wenn Jeanne und Rex Adam besuchten, konnte er ihnen erzählen, dass ihr Sohn eine schlechte Nacht oder an diesem Tag keinen Anfall gehabt hatte, oder dass dieser oder jener Freund bei ihm gewesen war. Peter hatte in der Gemeinde der Jamaikaner Torontos Freunde, die ihn oft besuchten. Sein liebster Besuch aber war seine Mutter. Sie kam jeden Monat mit dem Bus aus New York und brachte ihrem Sohn mit ihrer Liebe und einer guten Portion eines jamaikanischen Gerichts ein Stück »Zuhause« mit. Peter hatte auch Jeanne, Adam und deren Freunde gern. Sie unterhielten sich mit Peter und verkürzten ihm damit ein wenig seine langen und einsamen Tage.

Zweifellos war die Zeit im Pflegehospital für Adam die Wüste. So wie der Geist Gottes Jesus am Jordan überschattete und in die Wüste führte, so überschattete derselbe Geist Adam während seiner Zeit zu Haus und führte ihn an diesen Ort der Läuterung. Es war eine Zeit der Versuchung, wohl weniger für Adam selbst als für diejenigen, die ihn als ein Geschenk betrachteten und ihn »unseren Friedensstifter« nannten. Das Suchen entmutigte sie ebenso wie der Begriff, unter dem in unserer Gesellschaft die Menschen am Rand eingeordnet werden. Gab es einen, der diesen ungewöhnlichen Mann Gottes erkannte an einem solch weitläufigen Ort, an dem Anonymität, Routine und Personalnot herrschen? Gab es einen, der die Einzigartigkeit Adams wahrnahm in einer Umgebung, in der man an ihn und an seine Mit-»Patienten« nicht so sehr als Menschen, sondern als Pflegefälle herantrat? Wer konnte Adams Leben, seinen Geburtstag schon feiern, wo es kaum Zeit gab, ihn zu baden und zu füttern? Es gab viel äußeren Druck, der Adams göttlichen Ursprung und heilige Sendung vergessen ließ.

Adam wurde gesandt, der Welt die gute Nachricht zu bringen. Darin bestand seine wie Jesu Sendung. Adam war ganz einfach – ruhig und einzigartig – da! Er war ein Mensch, der durch sein ganzes Leben das unfassbare Geheimnis unseres Gottes verkündet hat: Ich bin kostbar, ich werde geliebt, ich bin ein ganzer Mensch, ich bin gottgeboren. Adam war ein stiller Zeuge dieses Mysteriums, bei dem es nicht darum geht, ob er sprechen, gehen oder sich ausdrücken konnte, ob er Geld verdiente, Arbeit hatte, gut angezogen, berühmt, verheiratet oder ledig war. Worum es dabei geht, ist sein Sein. Er war und ist ein geliebtes Kind Gottes. Es ist dieselbe Botschaft, die zu verkünden auch Jesus gekommen ist. Und es ist die Botschaft, die alle Armen in ihrer und durch ihre große Schwachheit immer wieder verkünden.

Das Leben ist ein Geschenk. Jeder von uns ist einzigartig, wird mit seinem Namen gekannt und von dem unaussprechlich Großen, der uns erschaffen hat, geliebt. Doch dem entgegen ist aus dieser unserer Welt eine Botschaft zu vernehmen – lautstark, ununterbrochen und durchdringend –, die uns glauben machen will, dass unser Geliebtsein durch unser Ansehen, unseren Besitz und unsere Erfolge bewiesen werden muss. Uns geht es darum, wie wir es im Leben »schaffen« können, und wir begreifen nur langsam die befreiende Wahrheit unserer Herkunft und unserer Bestimmung. Wir müssen die Botschaft immer wieder zu hören bekommen, sie immer wieder verkörpert sehen. Nur dann finden wir den Mut, sie für uns in Anspruch zu nehmen und nach ihr zu leben.

Jesus hat es in seinem Leben nicht allzu weit gebracht. Er starb als ein Versager. Auch Adam hat es nicht allzu weit gebracht. Er starb so arm, wie er zur Welt kam. Und doch sind sowohl Jesus als auch Adam Gottes geliebte Söhne – Jesus von Natur aus, Adam durch »Annahme an Sohnes statt«. Sie lebten ihr Sohnsein als das Einzige, das sie anzubieten hatten. Es war die ihnen aufgetragene Sendung. Und es ist ebenso meine wie unser aller Sendung. Dies zu glauben und danach zu leben ist wahre Heiligkeit.

Diese Jahre im Pflegehospital bildeten den Abschluss des verborgenen Lebens Adams. Für die meisten seiner Lehrer, Ärzte, Krankenschwestern, Zahnärzte, Sozialarbeiter, Seelsorger und Behördenangestellten, die mit ihm zu tun hatten, mit ihm arbeiteten, und dennoch seinen edlen Geist, seine unendliche Geduld und sein mildes Herz nicht zu erkennen vermochten oder dafür offen gewesen wären, war Adam in vielfacher Hinsicht nur ein »Klient«.

Aber Rex, Jeanne und ihre Freunde hielt die Wahrheit Adams am Leben. Sie widerstanden der Versuchung, nur Adams Behinderung zu sehen. Ja, sie akzeptierten, dass er nicht Steine in Brot verwandeln, sich nicht unbeschadet von einem hohen Turm stürzen oder großen Reichtum erwerben konnte. Er musste keine dieser weltlichen Leistungen vollbringen, da sie im innersten Herzen wussten, dass er geliebt wird. Dieses göttliche Wissen machte es Rex und Jeanne möglich, mehr als fünf Jahre nach einem Platz für Adam in einem Heim zu suchen, nach einem Ort, an dem er seine Gaben zeigen und seinen einzigartigen Dienst ausüben konnte.

Daybreak besaß nicht die notwendigen Voraussetzungen, um Adam aufzunehmen, da er intensive physische und medizinische Betreuung brauchte. Doch mit der Zeit vertiefte sich die bestehende freundschaftliche Beziehung zwischen den Eltern und den Mitgliedern der Daybreak-Gemeinschaft. Die Gemeinschaft, die Adams Bruder Michael schon als Kernmitglied aufgenommen hatte, verstand die große Sorge von Rex, Jeanne und Adam. So wurde mehr und mehr klar, dass Adam bei seinem Bruder in Daybreak sein sollte und dafür die nötigen Vorkehrungen getroffen werden müssten.

Die Vorbereitungen in der »Arche« Daybreak dauerten lang: Einer der Assistenten wurde nach Frankreich geschickt, wo er sich das notwendige Wissen und die Fertigkeiten für die Pflege von Patienten aneignete, die eine umfangreiche körperliche und medizinische Betreuung brauchen. Ein Teil des »Neuen Hauses« wurde renoviert und erhielt ein spezielles Badezimmer mit

Haltegriffen an den Wänden und den entsprechenden Vorrichtungen für Rollstuhlbenutzer. Ein tägliches Beschäftigungsprogramm wurde aufgestellt, in das auch die Kernmitglieder der anderen »Arche«-Häuser in Richmond Hill einbezogen werden konnten. Es dauerte über ein Jahr, bis endlich alles so weit war, um Adam in seinem neuen Zuhause willkommen zu heißen. Rex und Jeanne hatten Grund zur Hoffnung. Michael freute sich, dass er nach jahrelangem Warten jetzt bei seinem Bruder sein konnte. Und in Daybreak gab es bei allen hohe Erwartungen, ein bisschen Angst und viel Aufregung. Denn mit der Aufnahme von Michaels Bruder Adam, der viel mehr Betreuung als die bisherigen Kernmitglieder brauchte, weitete sich auch die bisherige Sendung der »Arche« Daybreak aus.

Am 1. Mai 1985 halfen Jeanne und Rex ihrem zweiten Sohn beim Einzug ins »Neue Haus« der Daybreak-Gemeinschaft. Michael ging, so gut er konnte, zur Hand und war froh. Jeanne weinte, als sie die Möbel in Adams neuem Zimmer aufstellte und seine Kleider in den Schrank hängte. Rex scherzte mit den Assistenten, während sie die Habseligkeiten aus dem Auto ausluden. Adams öffentliches Leben begann.

3

## *Adams öffentliches Leben*

Im August 1986 begegnete ich Adam zum ersten Mal. Bei meiner Ankunft in Daybreak wurde mir ein Zimmer zugeteilt, das im Erdgeschoss des Neuen Hauses, einem von insgesamt acht der Gemeinschaft, lag. Dieses Haus und die Menschen, die darin lebten, sollten der wichtigste Ort meiner Zugehörigkeit zum großen Leib von Daybreak werden. Hier konnte ich mich mit dem täglichen Leben einer normalen Hausgemeinschaft der »Arche« vertraut machen.

Neben Adam begrüßte ich noch in diesem Haus: Roy, 75 Jahre alt, von denen er fünfzig in einer großen Anstalt für Behinderte verbracht hatte; John, ein gut Dreißigjähriger mit Downsyndrom; Rosie, 22 Jahre alt und seit ihrem dritten Lebensjahr in einem Pflegeheim, und schließlich Michael, der Anfang zwanzig war, an einer schweren Gehirnschädigung litt und keinen Kontakt zu seiner Familie hatte. Diese behinderten Menschen werden in Daybreak »Kern«-, oder »Stammmitglieder« genannt, denn sie sind das Herz des gemeinsamen Lebens, das sich um sie herum abspielt. Die Assistenten in diesem Haus waren junge Menschen aus verschiedenen Ländern. Sie waren gekommen, um mit den Kernmitgliedern des Neuen Hauses ein Jahr oder länger zu leben und ihnen ein Zuhause zu schaffen.

Mir wurde erklärt, dass es zum Auftrag der »Arche« gehört, mit Kernmitgliedern »zusammenzuleben«. So begann ich nun mein neues Leben mit diesen Menschen im Neuen Haus. Jegliche Handarbeit, Kochen und häusliche Tätigkeiten waren mir fremd. Zwanzig Jahre lang hatte ich an Universitäten in Holland und in den Vereinigten Staaten gelehrt und mich während dieser Zeit nie besonders bemüht, mir ein Zuhause zu schaffen. Auch war ich nie mit Behinderten näher in Berührung gekommen. Bei meinen Familienangehörigen und Freunden genoss ich den Ruf, ungeschickt zu sein. So nannten mich meine Freunde oft einen »zerstreuten Professor«.

Doch ob zerstreut oder nicht, bald wurde ich gebeten: »Henri, würdest du dich am Morgen um Adam kümmern? Das heißt, alles tun, was am Morgen getan werden muss.« Sich um Adam kümmern und ihm helfen, das bedeutete: ihn um sieben Uhr wecken, ihm den Schlafanzug ausziehen, den Morgenmantel anziehen, ihn ins Badezimmer bringen, baden und rasieren, ihm Hemd, Hose und Jacke für den Tag aussuchen, ihn anziehen, die Haare kämmen, ihn in die Küche führen, sein Frühstück herrichten, sich neben ihn setzen, wenn er aß, sein Glas festhalten, wenn er trank, ihm die Zähne putzen, die Socken, die Mütze, Handschuhe anziehen, ihn in den Rollstuhl setzen und den holprigen Weg entlang zum Gemeinschaftsraum schieben, wo er bis zum späten Nachmittag nach einem festgelegten täglichen Programm beschäftigt wurde. Ich war entsetzt! Ich konnte mir schlicht und einfach nicht vorstellen, wie ich das alles schaffen soll. »Und was ist, wenn er hinfällt? Wie soll ich ihn stützen, wenn er geht? Wenn ich ihm wehtue, kann er es mir nicht einmal sagen! Wenn er einen Anfall bekommt? Wenn ich ihm das Wasser zu kalt oder zu heiß in die Wanne laufen lasse? Wenn ich ihn beim Rasieren schneide? Ich weiß doch gar nicht, wie ich ihn anziehen soll! Alles Mögliche kann ich verkehrt machen! Außerdem kenne ich diesen Mann doch gar nicht. Ich bin kein Krankenpfleger. Von all diesen Dingen habe ich überhaupt keine Ahnung!«

Einiges aus dieser ganzen Litanei von Einwänden trug ich tatsächlich vor; die meisten davon waren nur Gedankenspiele. Aber die Antwort darauf war eindeutig, fest und bestimmt: »Du kannst das schon. Wir helfen dir so lange, bis du dich tatsächlich sicher fühlst. Sobald du meinst, dass du es schaffst, machst du es allein. Du kannst uns aber immer rufen, wenn du ein Problem hast. Es wird eine Weile dauern, aber du wirst es schon lernen und Routine bekommen. Du wirst Adam kennenlernen und er dich.«

Also fing ich an, zitternd und ängstlich. Ich erinnere mich noch gut an die ersten Tage. Selbst in Begleitung anderer Assistenten fürchtete ich mich, in Adams Zimmer zu gehen und diesen fremden Menschen aufzuwecken. Sein schwerer Atem und die ruhelosen Handbewegungen hemmten mich sehr. Ich war mit seinem Verhalten doch nicht vertraut! Ich wusste überhaupt nicht, was er von mir erwartete. Ich wollte ihn nicht aufregen. Und den anderen gegenüber wollte ich mich nicht lächerlich machen. Ich wollte nicht verspottet werden. Ich wollte keine Verlegenheiten aufkommen lassen.

Zuerst wusste ich nicht, wie ich mich Adam gegenüber verhalten sollte, wenn ich – anders als ich es gewohnt bin – kein Wort mit ihm wechseln kann, und konzentrierte mich auf die Routinehandgriffe. Während dieser ersten Tage betrachtete ich Adam als einen Menschen, der ganz anders war als ich. Ich erwartete keineswegs, dass wir uns irgendwie austauschen könnten, denn er konnte ja nicht sprechen. Wenn sein Atem immer wieder aussetzte, fragte ich mich jedes Mal, ob er denn überhaupt wieder zu atmen anfangen wird. Manchmal fuchtelte er mit den Händen und verkrampfte die Finger ineinander, worauf ich mich fragte, was ihn wohl beunruhigt, fand dafür aber keine Erklärung. Wenn ich mit ihm ein paar Schritte zu machen versuchte, musste ich ihn von hinten mit meinem Körper und beiden Armen stützen. Ich war ständig in Sorge, dass er mir auf die Füße treten, hinfallen und sich verletzen könnte. Auch dachte ich ständig daran, dass er jeden Moment einen epileptischen Anfall haben könnte: in der Badewanne, auf der Toilette, beim Frühstück, während einer Ruhepause, beim Gehen, beim Rasieren.

Zuerst musste ich mich selbst und andere immer wieder fragen: »Warum wollt ihr, dass ich das mache? Warum habe ich ja gesagt? Was tue ich hier überhaupt? Wer ist dieser Fremde, der jeden Tag einen so großen Teil meiner Zeit beansprucht? Warum sollte gerade ich, das am wenigsten dafür geeignete Mitglied im ganzen Haus, Adam versorgen und nicht jemand anderen, der nicht so viel Fürsorge braucht?«

Die Antwort war stets dieselbe: »Auf diese Weise kannst du Adam kennenlernen.« Es war für mich ein harter Brocken! Adam schaute mich oft an und folgte mir mit den Augen, sagte aber nichts und reagierte auch nicht, wenn ich ihn etwas fragte. Adam lächelte nicht, wenn ich etwas richtig machte, und protestierte nicht, wenn mir etwas danebenging. Ich fragte mich, ob er mich überhaupt erkannte. Wie sollte ich ihn kennenlernen? Was dachte, fühlte er, nahm er wahr? Welche Erfahrung machte er mit mir?

In den ersten Wochen rief ich immer wieder aus dem Badezimmer an: »Helft mir, bitte! Bitte zeigt mir, was ich machen soll. Ich bringe ihn nicht in die Badewanne. Ich kann seine Zahnbürste nicht finden. Ich weiß nicht, ob das seine Arbeitshosen oder die guten Hosen sind. Passt bitte auf ihn auf, solange ich den Rasierapparat hole. Ich kann ihn nicht allein lassen!«

Sie kamen immer: Anneika, Regina, D. J., Stewe, oder wer gerade in der Nähe war. »Bleib dran, Henri«, sagten sie mir immer wieder. »Du lernst ihn doch gerade erst kennen. Bald bist du ein alter Hase! Bald wirst du ihn gernhaben.« Meine Angst war so groß, dass ich mir nicht vorstellen konnte, was mit »Adam gernhaben« wohl gemeint war.

So sehr ich es versuchte, es leuchtete mir kaum ein. Sollten denn nicht die am besten Ausgebildeten für die am meisten Behinderten sorgen? Stellt man denn nicht die Besten den Bedürftigsten an die Seite? Aber die Assistenten erklärten mir, dass wir uns nicht als Pfleger und Patienten verstehen dürfen oder als Angestellte und Klienten. Einige von uns sind Assistenten, und einige sind Kernmitglieder. Jeder – ja, jeder Mensch – ist tatsächlich ein Amateur, das heißt »ein Liebhaber«.

Darüber war ich mir am Anfang allerdings nicht im Klaren. Eine ganze Weile richtete ich meine Aufmerksamkeit nur darauf, alles richtig und so wenig Fehler wie möglich zu machen. Dadurch bekam ich schließlich Routine und gewann etwas Selbstvertrauen. Ich habe keine Vorstellung, ob Adam mir Vertrauen schenkte oder nicht.

In der Regel brauchte ich zwei Stunden, um Adam aus dem Bett zu heben und ins Badezimmer zu bringen, vom Badezimmer in die Küche, von der Küche in den Rollstuhl, um ihn schließlich in den Gemeinschaftsraum zu fahren, wo er an einem täglichen Beschäftigungsprogramm teilnahm. Wenn ich ihn dort glücklich abgeliefert hatte, war ich sehr erleichtert und ging an die Arbeit, die ich gut beherrschte: sprechen, Briefe diktieren, Rat erteilen, telefonieren, Besprechungen leiten, predigen und Gottesdienst halten. Das war die Welt, in der ich mich wohlfühlte und etwas zustande brachte.

Freilich muss ich sagen, dass ich mich von Anfang an in gewisser Hinsicht privilegiert fühlte. Ich war den jungen Assistenten im Neuen Haus dankbar, dass sie mir ständig Mut machten, Adam zu helfen, und mir zu verstehen gaben, dass ich es schon schaffen werde. Ich war dafür dankbar, dass man mich nicht damit entschuldigte, zwei linke Hände zu haben oder zu alt, zu ungeschickt und zu unerfahren zu sein, um es zu versuchen. Vor allem aber fühlte ich mich dadurch geehrt, dass man mir den schwächsten und am meisten behinderten Menschen des Hauses – ja sogar der ganzen Gemeinschaft – anvertraut hatte. Später verstand ich, dass es genau darum bei der »Arche« geht: die schwächsten und verwundbarsten Menschen in den Mittelpunkt stellen und ihre einzigartigen Gaben entdecken. Adam war schwächer und verwundbarer als jeder andere in Daybreak. Er wurde mir, dem Unfähigsten von allen, zugeteilt, damit ich für ihn sorge – doch nicht nur, dass ich für ihn sorge.

Allmählich, ganz allmählich änderten sich die Dinge. Da ich sicherer und gelöster wurde, öffneten sich mein Herz und mein Verstand für eine wirkliche Begegnung mit diesem Mann, der an meiner Lebensreise teilgenommen hat.

Bei der »Arbeit« mit Adam fing ich an, mich selbst so recht im Zentrum von Daybreak zu sehen. Wie oft hatte mir Jean Vanier, der Gründer der »Arche«, gesagt: »Die ›Arche‹ ist nicht um das Wort herum gebaut, sondern um den Leib. Wir haben das große Privileg, den Leib eines anderen anvertraut zu bekommen.«

Mein ganzes Leben wurde durch Worte, Ideen, Bücher und Lektüre geprägt. Aber jetzt begannen sich meine Prioritäten zu verschieben. Jetzt wurde mir Adam wichtig und die privilegierte Zeit mit ihm, in der er mir seinen Leib in aller Verwundbarkeit darbot; wenn er sich mir gab, um ausgezogen, gebadet, angezogen, gefüttert und von da nach dort geführt zu werden. Adams Leib nahe zu sein brachte mich auch Adam näher. Ich lernte ihn langsam kennen.

Ich muss gestehen, dass ich manchmal ungeduldig und in Gedanken bei meiner Arbeit war, die ich nach den morgendlichen »Routinetätigkeiten« mit Adam erledigen wollte. Dann fing ich an – ohne mir seiner Person bewusst zu sein –, ihn zur Eile zu bewegen. Bewusst, doch meist unbewusst, steckte ich schnell seine Arme in die Hemdsärmel oder seine Beine in die Hosenbeine. Ich wollte gern um neun Uhr fertig sein und mit meiner anderen Arbeit beginnen. Eben hier lernte ich, dass Adam sich mitteilen konnte! Er ließ mich wissen, dass ich nicht wirklich bei ihm war und mehr meinen als seinen Stundenplan im Kopf hatte. Ein paar Mal reagierte er auf mein Drängen mit einem heftigen epileptischen Anfall. Ich verstand, was er mir damit sagen wollte: »Mach langsam, Henri! Mach langsam!« Und ob ich daraufhin langsamer machte! Ein Anfall erschöpfte Adam so sehr, dass ich alles andere liegen- und stehenlassen musste, um ihn zu beruhigen und hinzulegen. Manchmal, bei einem schweren Anfall, brachte ich ihn wieder ins Bett und deckte ihn mit mehreren Decken zu, damit sein heftiges Zittern aufhörte. Adam teilte sich mir mit. Er erinnerte mich konsequent daran, dass es besser und notwendig ist, bei ihm behutsam und nicht so in Eile vorzugehen. Er fragte mich klar und deutlich, ob ich gewillt war, seinem Rhythmus zu folgen und mich seinen Bedürfnissen anzupassen. Ich stellte fest, dass ich dabei war, eine neue Sprache zu erlernen, die Sprache Adams.

Ich fing an, mit Adam zu sprechen, war mir aber nicht sicher, ob er etwas hörte oder verstand. Dennoch wollte ich ihn wissen lassen, was ich fühlte und was ich über ihn dachte, über mich, über uns. Es machte mir im Grunde nichts mehr aus, dass er nicht in Worten antworten konnte. Wir waren zusammen, unsere Freundschaft wuchs, und ich war froh, da zu sein. Es dauerte nicht lange, bis Adam mein vertrauter Zuhörer wurde. Ich erzählte ihm vom Wetter, sprach über den vor uns liegenden Tag, über sein Tagesprogramm und meine Vorhaben, zeigte ihm die Kleidungsstücke, die mir von ihm am besten gefallen, sagte ihm, was für ein Müsli ich ihm heute zum Frühstück geben werde und wer tagsüber mit ihm zusammen sein wird. Schließlich entdeckte ich mich dabei, dass ich ihm meine Geheimnisse anvertraute, ihm von meinen schwankenden Stimmungen erzählte, von meinen Enttäuschungen, meinen angenehmen und schwierigen Beziehungen und von meinem Gebetsleben. Das Erstaunliche dabei war die allmähliche Erkenntnis, dass Adam für mich wirklich da war, mir mit seinem ganzen Sein zuhörte und mir einen Ort bot, an dem ich sicher sein konnte. Es war für mich etwas ganz Unerwartetes. Und wenn ich es auch nicht genau beschreiben kann: Es war wirklich so.

Im Laufe der Wochen und Monate lernte ich, meine täglichen ein bis zwei Stunden mit Adam immer mehr zu schätzen. Sie wurden zu meinen Stunden der Ruhe, zur nachdenklichsten und vertrautesten Zeit des Tages. Sie waren im Grunde eine lange Zeit des Gebets. Adam »sagte« mir auf ganz ruhige Art: »Sei einfach hier bei mir, und vertrau darauf, dass es der Ort ist, an dem du sein musst ... und nirgendwo sonst!«

Wenn ich in meinem Büro arbeitete oder mit Leuten sprach, fiel mir manchmal Adam ein. Ich dachte an ihn als ein stilles, friedliches Anwesendsein im Mittelpunkt meines Lebens. Wenn ich manchmal Angst empfand, verärgert oder über etwas enttäuscht war, etwas nicht gut genug oder nicht schnell genug ging, sah ich Adam in Gedanken vor mir, wie er mich »im Auge des Wirbelsturms« wieder zur Ruhe zu rufen schien. Bald wurden die Plätze getauscht. Adam wurde mein Lehrer, nahm mich in meiner Verwirrung an der Hand, ging mit mir durch die Wildnis meines Lebens.

Doch damit nicht genug. Mein tägliches Zusammensein mit ihm hatte eine gegenseitige Bindung entstehen lassen, die viel tiefer reichte, als ich ursprünglich gemeint hatte. Adam war es, der mir dabei half, nicht nur in Daybreak Wurzeln zu fassen, sondern auch in meinem eigenen Selbst. Die Nähe zu ihm und zu seinem Leib brachte mich mir selbst und meinem eigenen Leib näher. Es war, als würde mich Adam auf die Erde herunterziehen, auf den Boden des Daseins, an den Ursprung des Lebens. Meine vielen gesprochenen oder geschriebenen Worte verleiteten mich immer dazu, hochfliegenden Ideen und Perspektiven nachzugehen und dabei den Kontakt zum Alltag und zum Reiz des gewöhnlichen Lebens zu verlieren. Adam wies mich hier in die Schranken. Es war, als sagte er zu mir: »Henri, du hast nicht nur einen Leib wie ich, sondern du bist dein Leib. Lass nicht zu, dass sich deine Worte von deinem Fleisch trennen. Deine Worte müssen Fleisch werden und bleiben.« Adam trat in Beziehung zu mir, wurde zu einem zentralen Punkt in meinem Leben. Ich begann, eine aufrichtige Beziehung zu Adam zu erfahren und Liebe für ihn zu empfinden.

Adam war jetzt für mich kein Fremder mehr. Er wurde mir zum Freund und vertrauensvollen Weggefährten, der mir durch seine bloße Gegenwart klargemacht hatte, was ich längst hätte wissen sollen: dass ich alles, was ich mir zeitlebens sehnlichst gewünscht habe – Liebe, Freundschaft, Gemeinschaft und das tiefe Empfinden von Zusammengehörigkeit –, nun bei ihm fand. Sein sehr anfälliges Sein teilte sich mir in den kurzen Zeitabschnitten, in denen wir zusammen waren, mit, und er begann, mich tiefgründig in der Liebe zu unterweisen.

Ich bin überzeugt: Adam »wusste« in seinem tiefsten Innern, dass er geliebt wurde. Er wusste es tief in seiner Seele. Adam war nicht in der Lage, Überlegungen über die Liebe anzustellen, über das Herz als die Mitte unseres Seins, den inneren Kern unseres Menschseins, dort, wo wir Liebe geben und empfangen. Er vermochte nicht, über die Regungen seines, meines oder des Herzens Gottes zu sprechen. Er war unfähig, mir etwas in Worten zu erklären. Aber er hatte ein Herz, ganz lebendig und voll Liebe, die er sowohl geben als auch empfangen konnte. Sein Herz belebte ihn durch und durch.

Als ich Adam nähergekommen war, lernte ich sein überaus gutes Herz als das Tor zu seinem wahren Selbst kennen, zu ihm als Person, zu seiner Seele und zu seinem Geist. Sein Herz, das ganz ohne Arg war, warf nicht nur Licht auf seine Person, es spiegelte auch das Herz des Universums wider, ja das Herz Gottes. Nach vielen Jahren theologischen Studierens, Reflektierens und Lehrens trat Adam in mein Leben. Er verkündete mir mit seinem Leben und Herzen all das in einer Zusammenfassung, was ich je gelernt hatte.

Ich hatte immer geglaubt, dass das Wort Gottes Fleisch geworden ist. Ich habe immer gepredigt, dass das Göttliche sich im Menschen kundgetan hat, damit alles Menschliche Kundgabe des Göttlichen werden kann. Adam kam mit anderen, um Gottesdienst zu feiern und mich predigen zu hören. Er saß vor mir in seinem Rollstuhl, und ich »sah« die in ihm sichtbar gemachte göttliche Bedeutung. Ich glaube, dass Adam ein Herz hatte, in dem Gottes Wort in beredtem Schweigen wohnte. Adam führte mich in unseren gemeinsamen Stunden zu diesem beredten Innewohnen, bei dem sich die tiefste Bedeutung seines und meines Menschseins kundtat.

Adams Menschsein war durch seine Behinderungen nicht beeinträchtigt. Adams Menschsein war ein vollständiges Menschsein, in dem das volle Maß der Liebe für mich und für andere, die ihn kannten, sichtbar wurde.

Ja, ich begann Adam mit einer Liebe zu lieben, die die meisten der Gefühle, Empfindungen und Leidenschaften, die ich mit Liebe zwischen Menschen verbunden hatte, übertraf. Adam konnte nicht sagen: »Ich liebe dich« oder »Ich hab' dich gern«, konnte mich nicht spontan umarmen oder Dankbarkeit in Worten ausdrücken. Dennoch wage ich zu sagen, dass wir uns mit einer Liebe liebten, die so Fleisch geworden war wie jede andere Liebe und die zugleich wahrhaft geistlich war. Wir waren Freunde, Brüder, in unseren Herzen verbunden. Adams Liebe war rein und wahr. Es war dieselbe Liebe, die bei Jesus geheimnisvoll sichtbar war und die jeden heilte, der ihn berührte.

Bei »Arche«-Treffen und -Einkehrtagen werden wir oft gebeten, über Fragen nachzudenken, wie: »Wer in deiner Hausgemeinschaft hat dir gezeigt, dass Menschen mit Behinderungen ebenso viel zu geben haben, wie sie empfangen? Wer hat dich in deiner Gemeinschaft Wurzeln schlagen lassen? Wer inspirierte dich dazu, dein Leben mit behinderten Männern und Frauen zu verbringen? Wer gab dir die Anregung, ja zu einem Leben zu sagen, das sich von außen betrachtet recht uninteressant und sehr abgesondert ausnimmt?«

Darauf antworte ich immer: »Adam.« Adam war so ganz und gar von uns abhängig, dass er mich zum Wesentlichen, zum Ursprung regelrecht katapultierte. Was ist Gemeinschaft? Was ist Sorge für andere? Was ist Liebe? Was ist Leben? Und wer bin ich, wer sind wir, wer ist Gott? Adam war für mich so lebendig, dass er auf alle diese Fragen Licht warf. Es ist eine Erfahrung, die sich nicht mit einer logischen Erklärung einsichtig machen lässt, sondern nur durch das geistliche Band zwischen zwei ganz verschiedenen Menschen, die einander als völlig gleich im Herzen Gottes entdeckt haben. Aus meinem Herzen konnte ich ihm etwas von der Fürsorge zukommen lassen, derer er wirklich bedurfte, während er mich aus seinem Herzen heraus segnete mit einem lauteren und beständigen Geschenk seiner selbst.

Wie kam ich zu diesem Erkennen all dessen, was mir geschah?

Ein paar Monate nach meiner Ankunft in Daybreak besuchte mich eines Tages ein befreundeter Priester, der viele Jahre hindurch viele Studenten Pastoraltheologie gelehrt hatte. Er besuchte mich, nachdem ich mein anfänglich eingeengtes Bild von Adam schon grundlegend geändert und vergessen hatte. Jetzt dachte ich nicht mehr so über ihn, als wäre er ein Fremder oder gar Behinderter. Wir lebten zusammen, und das Leben mit Adam verlief für mich und die anderen im Neuen Haus ganz »normal«. Ich fühlte mich sehr bevorzugt, für Adam sorgen zu dürfen, und brannte darauf, ihn meinem Gast vorzustellen.

Als mein Freund in das Neue Haus kam und mich mit Adam sah, schaute er mich an und fragte: »Henri, hier verbringst du also deine Zeit?« Ich merkte, dass er nicht nur beunruhigt, sondern regelrecht verärgert war.

»Hast du die Universität, an der du so Vielen Einsichten und Anregungen gegeben hast, nur verlassen, um deine Zeit und Kraft für Adam zu verwenden? Du bist doch gar nicht dafür ausgebildet! Warum überlässt du diese Arbeit nicht Leuten, die dazu die praktischen Voraussetzungen haben? Du kannst deine Zeit bestimmt besser verwenden!«

Ich war schockiert. In meinem Kopf raste es. Ich dachte mir, sprach es aber nicht aus: »Willst du mir etwa sagen, dass ich mit Adam meine Zeit vergeude? Du willst ein erfahrener Seelsorger und geistlicher Ratgeber sein! Siehst du nicht, dass Adam mein Freund ist, mein Lehrer, mein geistlicher Begleiter, mein Ratgeber, mein Seelsorger?« Ich sah schnell ein, dass er nicht denselben Adam sah, den ich kannte. Was mein Freund sagte, mag für ihn einleuchtend sein, weil er Adam nicht wirklich »sah«. Und gewiss war er nicht dazu bereit, ihn kennenzulernen. Mein Freund hatte noch eine Menge anderer Fragen über Adam und die Menschen, die mit mir im Haus lebten, parat. »Warum so viel Zeit und Geld für Leute mit ernsthaften Behinderungen verwenden, wenn so viele Fähige und Begabte kaum überleben können?« Und: »Warum soll man solchen Menschen zugestehen, Zeit und Energie in Anspruch zu nehmen, die besser für die Lösung der wirklichen Probleme, vor denen die Menschheit steht, verwendet werden könnten?«

Ich gab auf diese Fragen meines Freundes keine Antwort. Ich diskutierte und argumentierte nicht über seine »Streitpunkte«. Ich spürte, dass ich nichts sehr Intelligentes zu sagen hatte, was die Meinung meines Freundes hätte ändern können. Meine täglichen zwei

Stunden mit Adam hatten mich verändert. Indem ich für ihn da war, hörte ich eine innere Stimme der Liebe, die über alle Tätigkeiten des Versorgens hinausging. Diese zwei Stunden waren ein reines Geschenk, eine Zeit der Kontemplation, während der wir gemeinsam etwas von Gott berühren konnten. Mit Adam erfuhr ich eine heilige Gegenwart und »sah« das Gesicht Gottes.

Viele Jahre hatte ich den Begriff »Inkarnation« – Fleischwerdung – dem historischen Ereignis vom Kommen Gottes in Jesus zu uns Menschen vorbehalten. Durch die Nähe zu Adam verstand ich, dass das »Christus-Ereignis« viel mehr ist als etwas, das vor langer Zeit stattfand. Es findet jedes Mal statt, wenn Geist den Geist im Leib grüßt. Es ist ein heiliges Ereignis, das in der Gegenwart stattfindet, weil es Gottes-Ereignis unter Menschen ist. Darin besteht im Grunde sakramentales Leben. Es ist Gottes fortdauernde Fleischwerdung, wenn Menschen einander »im Namen Gottes« begegnen. Meine Beziehung zu Adam gab mir neue Augen, um zu sehen, und neue Ohren, um zu hören. Ich wurde weit mehr verändert, als ich es mir je hätte vorstellen können.

Ich war nur einer unter anderen aus der langen Reihe derer, die ihre Zeit und Energie für Adam verwendeten. Mit Ausnahme der acht Stunden, in denen er schlief, war er niemals allein. Von morgens neun bis nachmittags vier Uhr bestand sein tägliches Programm darin, dass sich Männer und Frauen seiner annahmen, ihn umherführten, mit ihm schwimmen gingen,

Übungen machten, ihn massierten, ihm beim Mittagessen halfen und regelmäßig seine Wäsche wechselten. Während dieser Stunden sprach man mit ihm, lachte man mit ihm, hörte mit ihm Musik und schuf einen Ort, an dem er sich sicher und zu Hause fühlte. Wenn er dann kurz nach vier Uhr ins Neue Haus zurückgekehrt war, konnte er ein paar Stunden in seinem Liegestuhl sitzen und dabei einnicken. Danach war Zeit zum Abendessen; die Zeit, in der Adam das bisschen Selbstständigkeit, das er hatte, zeigen konnte, indem er allein mit dem Löffel aß und aus der Tasse trank. Dabei überraschte er immer wieder seine Besucher mit einem gesunden Appetit. Nach dem Abendessen wurde gebetet und gesungen. Wir nahmen Adam an den Händen oder legten ihm die Arme auf die Schultern. Michael, Adams Bruder, war einer seiner treuesten Besucher, der sich gern, so wie ich, neben Adam setzte, manchmal zu ihm sprach oder auch nur ganz still und zufrieden seine bloße Anwesenheit genießen konnte. Die Eltern, Jeanne und Rex, nahmen Adam an den Wochenenden und in den Ferien gern zu sich nach Hause. Sie besuchten ihn oft, fuhren ihn spazieren, saßen bei ihm im Wohnzimmer oder an seinem Bett und flüsterten ihm gelegentlich ein paar liebevolle Worte ins Ohr. Jeder pflegte die Beziehung zu Adam. Jeder empfing von ihm das Geschenk des Friedens, des Zusammenseins, der Sicherheit und Liebe.

Konnte Adam beten? Wusste er von Gott und was der Name Jesus bedeutet? Verstand er etwas vom Geheimnis des Kommens Gottes zu uns Menschen?

Lange habe ich mir darüber Gedanken gemacht. Lange wollte ich wissen, wie viel von dem, was ich wusste, auch Adam wissen konnte, und wie viel von dem, was ich verstand, auch Adam verstehen konnte. Doch jetzt sehe ich ein, dass dies für mich Fragen von »unten« waren; Fragen, die eher meine eigene Furcht und Unsicherheit widerspiegelten als Gottes Liebe. Fragen Gottes, Fragen von »oben«, lauten anders: »Kannst du es akzeptieren, dass Adam dich zum Gebet führt? Kannst du glauben, dass ich in tiefer Gemeinsamkeit mit Adam stehe und dass sein Leben ein Gebet ist? Kannst du Adam als ein lebendiges Gebet an deinem Tisch bejahen? Kannst du im Antlitz Adams mein Antlitz sehen?«

Und während ich, der sogenannte »Normale«, mir lange darüber Gedanken machte, wie weit Adam wie ich selbst war, war er weder fähig noch kümmerte es ihn, irgendwelche Vergleiche anzustellen. Er lebte einfach und lud mich durch sein Leben dazu ein, sein einzigartiges Geschenk entgegenzunehmen, eingewickelt in Schwachheit, aber mir zur eigenen Wandlung überreicht. Während ich mich mit Gedanken darüber plagte, was ich hier eigentlich machte, und wie produktiv ich sein könnte, verkündete mir Adam, dass »Sein wichtiger ist als Tun«. Während ich mich damit beschäftigte, was man über mich sprach oder schrieb, sagte mir Adam ruhig, dass »Gottes Liebe wichtiger ist als das Lob der Menschen«. Während es mir um meine persönlichen Erfolge ging, erinnerte mich Adam daran, dass »es wichtiger ist, etwas gemeinsam zu tun, als etwas allein zu tun«. Adam konnte nicht produktiv sein, hatte keinen Ruf, auf den er hätte stolz sein können, konnte keinen Preis und keine Auszeichnung vorweisen. Doch durch sein ganzes Leben gab er das radikalste Zeugnis, dem ich je begegnet bin, von der Wahrheit unseres Lebens.

Ich brauchte lange, um diese vollständige Umkehrung der Werte zu begreifen. Doch sobald sie mir deutlich geworden war, schien es mir, als beträte ich ein vollkommen neues geistliches Land. Ich verstand viel klarer, was Jesus damit meint, wenn er sagt: »Ihr aber seid selig, denn eure Augen sehen und eure Ohren hören. Amen, ich sage euch: Viele Propheten und Gerechte haben sich danach gesehnt zu sehen, was ihr seht, und haben es nicht gesehen, und zu hören, was ihr hört, und haben es nicht gehört« (Matthäusevangelium 13,16 f). Die großen Paradoxe der Frohbotschaft: dass die Letzten die Ersten sein werden, dass diejenigen, welche ihr Leben verlieren, es gewinnen werden, dass die Armen seliggepriesen werden und denen, die ein reines Herz haben, das Himmelreich gehören wird (vgl. Matthäusevangelium 5,3.8; Lukasevangelium 6,20–23), sie alle wurden für mich in Adam Fleisch.

Daran ist nichts Schwärmerisches oder Frömmelndes. Viele Männer und Frauen sind Adam während der elf Jahre, die er in Daybreak lebte, als Assistenten beigestanden. Sie können davon erzählen, was es für ein Geschenk bedeutet, für ihn zu sorgen. Als Adam ins Neue Haus kam, war er zweiundzwanzig. Er war nicht gerade ein Leichtgewicht, und es war nicht gerade einfach, ihn unter die Arme zu fassen und zu stützen, um dann mit ihm ein paar Schritte zu machen; dazu die vielen verschiedenen komplizierten Übungen, die notwendig waren, um seine körperlichen Kräfte nicht erlahmen zu lassen.

Im Laufe dieser Jahre hatten sich mehrere Assistenten unserer Gemeinschaft mit Adams täglicher »Routine«-Versorgung vertraut gemacht, sodass man sie immer rufen konnte, wenn niemand im Neuen Haus frei war, um ihm zu helfen. Auch Adams Mitbewohner im Neuen Haus – Rosie, Michael, John und Roy – brauchten viel Betreuung und Aufmerksamkeit. Rosie, die zur selben Zeit wie Adam ins Neue Haus gekommen war, ist nicht weniger behindert. Michael, der geistig behindert ist und zudem an schwerer Bewegungsstörung leidet, braucht bei jeder Bewegung, die er macht, Hilfe. John, der mit seinem Downsyndrom zwar allein gehen kann, braucht dennoch viel emotionalen Beistand und Zuspruch. Roy, der mit seinen fast achtzig Jahren das älteste Mitglied der Gemeinschaft ist, benötigt ständige emotionale und physische Unterstützung. Mit seinen fünf oder sechs Assistenten und den fünf Kernmitgliedern herrscht im Neuen Haus ein reges Leben. Auch haben die vielen Assistenten, die hier gelebt und gearbeitet haben, nicht immer so über Adam gedacht, wie ich ihn beschrieb. Was sie aber zugleich daran hinderte, sich selbst bloß als Putzfrauen, Köche, Windelwechsler und Geschirrspüler zu betrachten, war die Erfahrung, dass Adam,

Rosie, Michael, John und Roy, die ihnen anvertraut worden waren, jedem so viel gaben, wie sie selbst zu empfangen hatten. Viele von ihnen rührten an das Geheimnis des Lebens und erfuhren eine Erneuerung ihres inneren Selbst, vor allem weil sie fähig waren, manch geistliches Geschenk von den Menschen entgegenzunehmen, für die sie sorgten.

Von einem »Geschenk« zu sprechen, das Adam bedeutete, heißt nicht, eine Lebenssituation, die im Übrigen große Anforderungen stellt und viel Anstrengung verlangt, romantisch zu verklären. Das Geschenk Adams war die Wirklichkeit des täglichen Lebens. Wenn am Montagvormittag Jane, D. J. und die anderen Assistenten sich trafen, um über die vergangene und die neue Woche zu sprechen, lauteten die wichtigsten Fragen stets: »Was war in dieser Woche für dich das Problem?« Und »Was war das Geschenk, das du gemacht, und was das Geschenk, das du empfangen hast?« Bei allem Planen, was das Essen, den Hausputz, die Arztbesuche, den Einkauf, die eine und andere Reparatur und viele andere Dinge betraf, stand die Frage der Geschenke von Adam, Roy, Michael, Rosie und John immer im Mittelpunkt. Jedem war klar, dass er kein guter »Arche«-Assistent mehr wäre, wenn er nicht reiche Belohnung erhalten hätte: in den geistlichen Gaben von Menschen wie Rosie und John. Die Assistenten entdeckten, dass wahre Sorge für andere gegenseitige Fürsorge ist. Wäre ihr einziger Lohn das schmale Gehalt gewesen, so wäre ihre Fürsorge in kürzester Frist auf kaum mehr als Verköstigung und Versorgung von Menschen hinausgelaufen. Und sie selbst hätte die Arbeit nicht nur gelangweilt, ermüdet und tief enttäuscht, sondern auch Adam und die anderen wären nicht in der Lage gewesen, ihre Geschenke zu geben, ihre Sendung zu erfüllen oder ihr menschliches Vermögen auszuschöpfen.

Adam und die anderen Kernmitglieder verkündeten eine gute Nachricht. Adam erinnerte uns daran, dass die Schönheit und Größe der Sorge für andere nicht nur darin liegen zu geben, sondern auch zu empfangen. Adam war derjenige, der mir die Augen dafür öffnete, dass das größte Geschenk, das ich ihm machen konnte, meine offene Hand und mein offenes Herz waren, mit denen ich sein kostbares Geschenk des Friedens empfangen konnte. Dieser Austausch bereicherte ebenso mich wie ihn. Ich konnte ihm sichtbar machen, dass er ein Geschenk zu geben hatte, das dann sein wahres Geschenk wurde, sobald ich es entgegennahm. Er war freizügig und reichte sein Geschenk jedem, dem er begegnete, sodass es viele empfingen und viele reich machte. Er »ließ uns wissen«, dass Fürsorge sowohl Empfangen als auch Geben bedeutet, sowohl Dank Erweisen als auch Dank verlangen heißt, sowohl Bestätigung seiner Fähigkeit erbringen als auch Suche nach Selbstbestätigung besagt. Für Adam zu sorgen bedeutete: Adam zu gestatten, ebenso für uns zu sorgen, wie wir es für ihn taten. Erst in dieser Gegenseitigkeit wuchsen Adam und seine Assistenten und wurden sie fruchtbar. Erst dann war unsere Fürsorge für Adam keine Last, sondern ein Privileg, denn die Fürsorge für Adam trug Früchte in unserem Leben.

In diesem Umfeld gegenseitiger Fürsorge war es Adam möglich, ein öffentliches Leben zu leben, das über die Grenzen von Daybreak hinausreichte. Manchmal geschahen wirkliche »Wunder«. Während und nach meiner Zeit im Neuen Haus stellte ich bei verschiedenen Leuten bemerkenswerte Veränderungen fest, die eine direkte Folge ihres Kontaktes mit Adam waren.

Eines Tages rief mich mein Freund Murray, ein New Yorker Geschäftsmann, der mit Peggy verheiratet und Vater von neun Kindern ist, in Daybreak an. Er hatte durch Freunde von mir gehört und das eine und andere Buch von mir gelesen. Als er erfahren hatte, dass ich die Universität verlassen würde, um mit geistig Behinderten zusammenzuleben, war er ziemlich schockiert und wollte alles in seiner Macht Stehende unternehmen, um sicherzustellen, dass ich mit dem Schreiben nicht aufhörte. Als Finanzmann mit vielen entsprechenden Verbindungen betrieb er die Gründung eines Freundeskreises, von dem ich eine jährliche Zuwendung erhalten sollte, um mir als nicht sonderlich gut bezahltem Seelsorger für geistig Behinderte das Bücherschreiben weiterhin zu ermöglichen.

Oft sagte er: »Henri, du verstehst nichts von Geld, du bist ein Schriftsteller. Lass dir mit Geld helfen, und hilf du uns mit deinen Büchern.«

Murray war ein tief religiöser Mensch und sehr darüber besorgt, dass seine Kinder, wie er meinte, sich so sehr aufs Geldverdienen und Karrieremachen konzentrieren, dass sie dabei ihre Beziehung zu ihrem geistlichen Erbe verlieren. »Du musst meine Kinder bei Gott halten«, sagte er mir.

Ich begegnete Murray zum ersten Mal im New Yorker Athletic Club. Bald darauf luden er und Peggy mich in ihr Sommerhaus in Irland ein. Es dauerte auch nicht lange, bis ich bei ihnen zu Hause in Peapack im Staate New Jersey fast die ganze Familie kennenlernen konnte. Ich werde nicht vergessen, wie ich damals an dem großen Esszimmertisch saß in einer Runde von mindestens zwölf Leuten, Murray an dem einen, ich an dem anderen Ende der Tafel. Nach dem Tischgebet sagte Murray: »Und jetzt, Henri, sag etwas zu meinen Kindern« – alle in den Zwanzigern und Dreißigern! – »und bring sie dazu, wieder in die Kirche zu gehen«. Die »Kinder« waren durchweg redegewandte und intelligente Männer und Frauen, die durchaus Sympathie für das gutgemeinte Attentat ihres Vaters zeigten, ihm und mir aber nicht verhehlten, wie wenig, wenn überhaupt etwas, sie sich davon versprachen, in die Kirche zu gehen. Eine hitzige, aber liebenswürdige Debatte folgte, bei der sich zeigte, dass in der Tischrunde wesentlich mehr Glaube und Religion vorhanden waren, als Murray vermutet hatte.

Es entwickelte sich zwischen mir und Murrays Familie eine wirkliche Freundschaft. Eines Tages sagte ich: »Murray, es wird Zeit, dass du mich einmal in Daybreak besuchst. Bitte komm, und bleib ein paar Tage bei mir.« Murray zögerte. Er sah seine Aufgabe darin, die

Voraussetzungen zu schaffen, dass ich weiter Bücher schreibe, und wollte sich nicht in mein Leben mit behinderten Menschen einmischen. Er fragte sich auch, ob ich meine Zeit mit diesen »armen Menschen« nicht verschwende. Doch mit etwas Überredungskunst konnte ich ihn zu einem Besuch bewegen. Als ich ihm sagte, dass er bei mir im Neuen Haus wohnen sollte und dass unser kleines Gästezimmer im Erdgeschoss für ihn vorbereitet sei, war er mehr als erstaunt. »Ich glaube, in einem Hotel wäre ich besser aufgehoben«, gab er mir zu verstehen. Doch ich bestand darauf: »Nein, nein, du wirst gern bei uns sein. Außerdem hast du dadurch die Möglichkeit, Adam kennenzulernen.«

Wenn auch der Grund seines Besuches nicht gerade der war, Adam kennenzulernen, so stimmte Murray schließlich doch etwas widerstrebend meinem Vorschlag zu. Das gemeinsame Abendessen im Neuen Haus war gut, aber laut. Murray verfolgte das Geschehen aufmerksam, sagte aber fast nichts. Er begleitete mich ein paar Tage, lernte Leute kennen, besuchte auch andere Häuser unserer Gemeinschaft und »beobachtete« meine Beziehung zu Adam. Zu meiner großen Überraschung fühlte sich Murray bei uns im Neuen Haus recht wohl. Er sagte nicht viel, sondern war einfach da.

Eines Morgens saßen Murray und ich an Adams Seite am Frühstückstisch. Murray beobachtete jede seiner Bewegungen und beobachtete mich, wie ich ihm half, den Löffel zum Mund zu führen und sein Glas mit Orangensaft zu halten. Mittendrin erhielt ich einen

Telefonanruf und musste in mein Arbeitszimmer gehen. Ich gab Adam zu verstehen, dass ich einen Moment weg müsste, er aber in guten Händen sei, und sagte dann zu Murray: »Ich muss für ein paar Minuten ans Telefon. Hilf du doch Adam, bis er mit dem Frühstück fertig ist. Danach holen ihn die Assistenten ab.«

Murray erwiderte: »Gut.« Doch ich merkte, dass es ihm dabei unbehaglich zumute wurde.

Murray erzählte mir später, dass er während der knappen halben Stunde, die er allein bei Adam saß, ihn immer weniger als einen behinderten jungen Mann, der völlig anders war als er, ansah und immer mehr als ein wunderbares menschliches Wesen, das nicht anders als er an vielen Stellen verwundbar war. Obwohl Murray ein vom Erfolg verwöhnter Geschäftsmann war, wusste er durchaus um seine eigenen inneren Kämpfe und Ängste, seine Erfahrungen des Versagens und seine eigenen Behinderungen. Bei Adam zu sitzen und ihm beim Frühstück zu helfen war für Murray ein Augenblick der Gnade, denn dabei wurde ihm deutlich, dass er und Adam Brüder waren. Der Abstand schwand, und ein tiefes Mit-Leiden bewegte ihn. Ein Verbundensein mit Adam, das ihn ergriff und ihm Licht gab. Der folgende Tag war für Murray ein wirklich neuer Tag. Er erzählte mir später, wie er auf Schritt und Tritt ein neues Gefühl des Angenommenseins verspürte, ein Empfinden des Geliebt- und Geschätztwerdens – nicht nur von Adam, sondern auch von allen anderen Bewohnern des Neuen Hauses.

Murrays Besuch in Daybreak trug in seinem Leben viele Früchte; er öffnete ihn mehr dafür, sein eigenes Gebrochensein und sein eigenes Versagen zu akzeptieren und sich gegenüber seiner Familie und seinen Freunden weniger verschlossen zu zeigen. Dieser Besuch vertiefte zweifellos auch unsere Freundschaft. Von da an sprach Murray von Adam stets mit großer Zuneigung und rief er mich an, so fragte er stets: »Und wie geht es Adam?«

Vier Jahre nach seiner Reise nach Toronto erlag Murray völlig überraschend einem Herzanfall. Sein Tod war für seine Frau Peggy, seine Kinder, seine Verwandten, Freunde und für mich ein schmerzlicher Verlust. In meiner Predigt während des Trauergottesdienstes erwähnte ich, dass Adam eine wichtige Rolle in Murrays Leben gespielt hat, da er ihm half, seiner eigenen Verwundbarkeit mit weniger Furcht gegenüberzutreten, und dadurch für seinen letzten Weg zu Gott vorbereitet war.

Murrays Geschichte steht nicht für sich allein. Viele Menschen, die für eine Woche, einen Tag oder auch nur für ein paar Stunden ins Neue Haus kamen, wurden von Adams wunderbarer, stiller Gegenwart ergriffen. Verschiedene Besucher sagten mir, dass sie nach ihrer Rückkehr immer wieder an ihn denken mussten und ihren Bekannten und Freunden von ihm erzählten. Ihre Begegnung mit Adam wurde oft zur Erfahrung einer inneren Erneuerung, bot er ihnen doch eine Gelegenheit und Umgebung, ihr Leben, ihre Ziele und ihr Bestreben in einem anderen Licht zu sehen. Adam bot denjenigen, die ihm begegneten, eine Gegenwart und einen sicheren Ort, an dem sie ihre eigenen oft nicht sichtbaren Behinderungen zu erkennen und anzunehmen vermochten. Er strahlte einen inneren Frieden aus und war den Menschen eine Stütze, wenn sie einen schwierigen Lebensabschnitt durchzustehen oder eine schwerwiegende Entscheidung zu treffen hatten. Nicht jeder, der Adam begegnete, machte dieselben Erfahrungen mit ihm. Für die einen war es eine Erfahrung von Frieden, für die anderen eine Konfrontation mit sich selbst; für einige die Wiederentdeckung ihres Herzens, für andere bedeutete es nichts.

Adams Dienst war insofern einzigartig, als er nicht bewusst wahrzunehmen schien, was um ihn und durch ihn geschah, denn er wusste nichts von Fürsorge, Beistehen, Dienen oder Heilen. Er schien über keine Begriffe zu verfügen, keine Pläne, Absichten oder Anliegen zu haben. Er war einfach da, indem er sich selbst in Frieden und vollkommener Selbst-Entäußerung anbot, sodass die Früchte seines Dienstes rein und reichlich waren. Ich kann bezeugen, dass das, was von Jesus gesagt wurde, auch von Adam gesagt werden kann: »Und alle, die ihn berührten, wurden geheilt« (Markusevangelium 6,56).

Adam war ein wirklicher Lehrer und wirklicher Heiler. Sein Heilen war vor allem inneres Heilen, das denen, welche ihre Wunden oft nicht zu erkennen vermochten, Frieden, Mut, Freude und Freiheit verhieß. Adam sagte uns mit seinen Augen und durch seine

Gegenwart: »Fürchte dich nicht! Du brauchst vor deinem Leid nicht zu fliehen. Schau mich an, komm nahe zu mir, und du wirst entdecken, dass du ebenso wie ich Gottes geliebtes Kind bist.«

Deshalb halte ich es für nicht übertrieben zu sagen, dass Daybreak der Ort des öffentlichen Dienstes und Wirkens von Adam war. Ich glaube fest, dass Adam, wie Jesus, in die Welt gesandt wurde, um seine einzigartige Sendung zu erfüllen. Während der Jahre zu Hause bei seiner Familie lebte er die Liebe in ihrer Wechselseitigkeit von Geben und Empfangen, wuchs er heran und veränderte seine Eltern. Es war die Zeit der Vorbereitung. In Daybreak übten seine Gaben, sein Lehren und Heilen einen tiefen Einfluss auf viele aus, die gekommen waren, um mit ihm zu leben, wie auch auf diejenigen, die zu Besuch kamen oder in anderen Häusern der Gemeinschaft wohnten.

## 4
## *Adams Weg und Wunder*

Während der elf Jahre, in denen Adam im Neuen Haus lebte, kamen und gingen viele Assistenten. Sie kamen aus Kanada und den Vereinigten Staaten, aus Australien, Deutschland, Brasilien, Polen, der Ukraine und vielen anderen Ländern. Sie blieben manchmal ein oder zwei Jahre in der Absicht, ihr Leben neu zu orientieren und fern vom Elternhaus »andere« Erfahrungen zu sammeln. Einige entdeckten das Leben in der »Arche« als ihre bleibende Berufung, doch die meisten entschieden sich anders und wurden Rechtsanwälte, Sozialarbeiter, Therapeuten, Krankenschwestern, Altenpfleger oder Geschäftsleute.

Darüber hinaus kamen viele Besucher. Obwohl es in Daybreak im Neuen Haus vielleicht am meisten zu tun gibt, ist es zugleich das gastfreundlichste. »Komm doch heute zu uns zum Abendessen!« ist eine oft zu hörende Einladung. Und viele aus anderen Häusern in Daybreak oder von weit her sind dort häufig Tischgäste und erfahren die Freude und das Leid dieser einzigartigen Hausgemeinschaft. Der Tisch ist meist mit Blumen und Kerzen geschmückt. Mit der Zubereitung des Essens gibt man sich viel Mühe, wobei auch darauf geachtet wird, ob jemand Diät einhalten muss. Gewöhnlich ergeben sich bei Tisch gute Gespräche, oft wird nach dem Essen gebetet, gesungen und musiziert. Selten sitzen weniger als zwölf Personen um den Tisch, oft sind es viel mehr.

Während seiner Zeit im Neuen Haus muss Adam Hunderten von Leuten begegnet sein. Viele der Neuangekommenen waren bedrückt oder hatten gar Angst, wenn sie den Kernmitgliedern, die unübersehbar anders waren als sie selbst, zum ersten Mal gegenüberstanden. Aber eine Stunde in gemeinsamer Tischrunde genügte gewöhnlich, um die Spannung zu verscheuchen. Und den meisten, die einmal im Neuen Haus waren, wird Adam als der ruhende Pol des Ganzen in Erinnerung bleiben. Irgendwie prägte sich Adam ihren Herzen und ihren Gedanken ein. Immer wieder schrieben sie später: »Liebe Grüße an Adam.« »Umarme und küsse Adam von mir.« »Sag ihm, dass ich an ihn und an euch alle denke!«

Die Tischrunde beim Abendessen im Neuen Haus war der Ort, an dem sich die meisten »Wunder« Adams ereigneten. Ganz offenkundig »tat« er nichts. Er war einfach da. Aber sein »Da-Sein« berührte Herz und Sinn der Menschen tief. Es geschahen keine spontanen Heilungen, keine Sinnesänderungen, doch wurde die Entdeckung gemacht, dass er, wir, die ganze Welt einen neuen Sinn, eine neue Bedeutung, einen neuen Zweck hatten.

Manche Wunder Adams waren so persönlich und ereigneten sich so tief im Herzen des Einzelnen, dass sie sich nicht in Worten beschreiben lassen. Manche traten erst Monate oder Jahre nach einem Besuch ein.

Und manche veranlassten den Betreffenden zu einer radikalen Umkehr.

Ich erinnere mich an eine Dame, die einen Besuch im Neuen Haus machte, direkt auf Adam zuging und sagte: »Sie armer Mann, Sie armer Mann! Warum müssen Sie das erleiden? Wir wollen für Sie beten, damit der liebe Gott Sie heilt.« Danach winkte sie den Assistenten, die einen Kreis um Adam bilden sollten, um ein Gebet zu sprechen. Aber einer der Assistenten tippte ihr freundlich auf die Schulter und sagte: »Adam braucht nicht geheilt zu werden. Es geht ihm gut. Er freut sich bloß, dass Sie zum Abendessen gekommen sind. Setzen Sie sich doch bitte zu uns an den Tisch.«

Ich weiß nicht, ob diese Besucherin je dazu bereit war, sich von Adam berühren zu lassen, seine Ganzheit und Heiligkeit bei all seiner Gebrochenheit zu sehen. Sicherlich sah sie aber, dass jede(r) Einzelne in diesem Haus mit Adam, so wie er war, glücklich war.

Zweifellos übte Adam, so wie er war und lebte, einen tiefen Einfluss aus auf das Leben der Menschen in seiner Umgebung, nicht zuletzt auf mich selbst. Dabei fallen mir drei Geschichten ein. Sie betreffen Father Bruno, meine gute Freundin Cathy und mich selbst.

Etwa ein Jahr nachdem ich den Dienst des Seelsorgers der Daybreak-Gemeinschaft übernommen und in unser kleines Einkehrhaus »Dayspring«, in dessen Untergeschoss auch die Kapelle ist, gezogen war, kam ein Priester so um die Mitte vierzig, um bei uns sein »Sabbatjahr« zu verbringen. Pater Bruno hatte gerade seine achtzehnjährige Zeit als Abt des Camaldulenser-Klosters in Big Sur in Kalifornien beendet und brauchte jetzt etwas Zurückgezogenheit und Abstand gegenüber seiner Gemeinschaft. Er war ein großer, schlanker Mann, trug einen kurzen Bart, hatte freundliche Augen und strahlte Ruhe und Frieden aus. Seine Stimme war sanft, doch schwieg er meistens und zeigte sich ein bisschen scheu: ein wirklicher Mönch.

Warum war er gerade zu uns gekommen? Er hatte von Daybreak gehört und meinte, dass es ein geeigneter Ort sei, um sich innerlich umzustellen: von der Autoritätsperson zum gewöhnlichen Mönch. Dazu wollte er das Leben mit behinderten Menschen teilen. Während seines dreimonatigen Aufenthalts bei uns wohnte er im Neuen Haus. Bald nach seiner Ankunft sah ich immer wieder, wie er Adam im Rollstuhl bei uns oder in der Umgebung spazieren fuhr. Da er kein normaler Assistent, sondern ein Langzeitgast war, hatte er genügend freie Zeit und sich entschlossen, einen großen Teil des Tages vor allem Adam zu widmen. Beide genossen offensichtlich die Gesellschaft des anderen.

Als ich sie zusammen sah, dachte ich mir, Adam könnte doch keinen besseren Begleiter haben als diesen ruhigen, friedlichen Mönch! Ähnelt Adams Leben nicht dem seinen? Frieden spricht zu Frieden. Alleinsein erkennt Alleinsein. Stille wohnt in Stille. Welch eine Gnade! Eines Tages klopfte Pater Bruno an meine Zimmertür, um mich zu besuchen. Ich fragte ihn: »Wie kommen Sie und Adam zurecht?« Pater Bruno schaute mich erstaunt an und sagte froh: »Adam ist ein wirkliches Geschenk für mich. Er lehrt mich, wie ich ein besserer Mönch werden kann.« Darauf erwiderte ich: »Ich meine zu verstehen, was Sie meinen, aber versuchen Sie doch bitte, es mir etwas näher zu erklären.«

Bruno war kein Freund vieler Worte. Er empfand das, um was es ging, tief und zog es vor, darüber zu schweigen. Dennoch wollte er mir seine Erfahrungen mit Adam verdeutlichen und sagte: »Viele, viele Jahre habe ich versucht, ein geistliches Leben zu führen, und mich bemüht, auch anderen dabei zu helfen. Ich habe immer gewusst, dass ich leer für Gott werden müsste, ich mehr und mehr Gedanken, Emotionen, Gefühle, Leidenschaften aufgeben müsste, denn sie verhindern die tiefe Gemeinschaft mit Gott, die ich suchte. Als ich zu Adam kam, begegnete ich in ihm einem Mann, der von Gott erwählt wurde, um uns tiefer in diese Gemeinschaft zu führen. In den vielen Stunden mit Adam fühle ich mich in ein immer tieferes Alleinsein hineingezogen. In Adams Herz habe ich die Liebe Gottes in Fülle berührt.«

Wenn ich von Adam spreche, muss ich auch erwähnen, auf welche Weise seine Wahrheit und sein Leben die Ursache für Pater Brunos außerordentliche geistliche Erfahrung wurden. Ein Abt, der Vater einer Mönchsgemeinschaft, fand in der Person Adams einen geistlichen Begleiter und Meister.

Im Laufe der Jahre betrachtete ich Adam mehr und mehr als einen Menschen, der anderen zu helfen vermochte, während mir dies bei ihnen nicht gelang. Es kamen immer mehr Leute nach Daybreak, um an Einkehrtagen teilzunehmen, geistlichen Zuspruch zu erhalten oder auch nur, um hier ihr geschäftiges Leben einen Augenblick hinter sich zu lassen und etwas Alleinsein und Stille zu finden. Manche Besucher kamen mit ganz konkreten inneren Kämpfen und in der Hoffnung, hier jemandem zu begegnen, der ihnen eine Perspektive, Erleichterung oder gar Heilung bieten könnte. Verschiedene Mitglieder der Gemeinschaft versuchten, den Bedürfnissen unserer vielen Gäste zu entsprechen, und wir waren zunehmend überrascht zu sehen, wie viel Hilfe ein paar Tage der Stille und geistlicher Unterweisung inmitten einer Gemeinschaft der Liebe geben konnten.

Doch manchmal fragten wir uns, ob unsere Besucher nicht zu viel erwarteten. Aus einer solchen Situation half uns Adam heraus. Es handelt sich um die Geschichte von Cathy.

Eines Tages fuhr eine schwarze, überlange Luxuslimousine mit getönten Scheiben in Daybreak vor. Einige von uns, die den Wagen sahen, wunderten sich nicht schlecht. Warum sollte sich jemand, der in solch einem Wagen herumfährt, nach Daybreak verirren? Als der Wagen vor dem Dayspring-Haus angehalten hatte, entstieg ihm eine zierliche Frau. »Ich heiße Cathy«, sagte sie, »ich komme aus New York City und brauche Hilfe. Ich habe Probleme.«

Schwester Sue Mosteller, die Gastgeberin des Dayspring-Hauses, und ich führten sie herein. »Wie können wir Ihnen helfen?«, fragten wir.

»Um ehrlich zu sein«, antwortete sie, »ich bin sehr niedergeschlagen. Schon seit vielen Jahren besuche ich einen Psychiater, aber er konnte mir nicht helfen. Im Gegenteil, es wird immer schlimmer. Deshalb sagte mir mein Bruder, der Daybreak kennt: ›Warum gehst du nicht einmal dorthin? Vielleicht können dir diese Leute helfen.‹ Und da bin ich nun.«

Sie war gewiss siebzig Jahre alt, hatte ein hübsches Gesicht und ein leichtes Funkeln in ihren Augen. Sie war sorgfältig gekleidet und machte einen sehr gefassten Eindruck. Warum sollte sie also depressiv sein?

Sue fragte: »Können Sie uns etwas mehr erzählen? Gibt es irgendwelche Begebenheiten, die Ihre Depressionen ausgelöst haben könnten?«

»O ja«, erwiderte Cathy. »Ihnen mag es komisch vorkommen, aber immer wenn ich den Gesellschaftsteil der New York Times durchblättere und die Namen der vielen Leute sehe, die vom Präsidenten der Vereinigten Staaten und der First Lady des Weißen Hauses zum Essen eingeladen wurden, werde ich schrecklich depressiv, weil ich nicht auf dieser Liste stehe!«

Sue und ich schauten uns an. Das war für uns Neuland.

Cathy fuhr fort: »Ich vergleiche mich immer mit anderen, und mit zunehmendem Alter merke ich mehr und mehr, dass mich die Leute vergessen. Und wenn ich dann sehe, dass diese Leute nicht einmal halb so viel besitzen oder halb so gute Beziehungen haben wie ich, und doch begehrter sind, werde ich sehr, sehr depressiv.«

Dann erzählte uns Cathy von ihrem Leben: ihre Prestigehochzeit, ihre Kinder, ihre Scheidung, ihre zweite Ehe, ihr ausgefülltes gesellschaftliches Leben, ihre Beziehung zur Kirche, ihr caritatives Engagement, ihr Ansehen. Sie sprach davon ganz konkret, ehrlich und nicht ohne Sinn für Humor.

»Die Leute erwarten immer Geld von mir«, sagte sie. »Immer wenn ich etwas verliere, verspreche ich dem heiligen Antonius, dass ich der Kirche tausend Dollar spende, wenn ich es wiederfinde. Wenn ich heute in die Kirche gehe, dann fragt mich gleich der Pfarrer: ›Cathy, haben Sie diese Woche nichts verloren?‹«

So fügte sich mehr und mehr ein höchst ungewöhnliches, aber tragisches Bild zusammen. Vor uns saß eine Frau, die alles besaß, wovon ein Mensch nur träumen kann – Vermögen, Ansehen, Beziehungen, viel Einfluss –, und fragte sich, ob jemand sie wirklich liebt. Reich, aber arm. Berühmt, aber voller Selbstzweifel. Groß, aber sehr klein.

Sue fragte: »Cathy, glauben Sie, dass Sie ein guter Mensch sind, nur weil Sie Cathy sind?« Tränen traten ihr in die Augen. Sie antwortete: »Ich weiß es nicht. Ich weiß nicht einmal, wer ich eigentlich bin, ohne das viele Zeug um mich herum. Ich weiß nicht, wie es wäre, wenn die Menschen mich einfach liebten, weil ich Cathy bin. Würden sie das überhaupt?, frage ich mich oft!«

Plötzlich verstand ich ihre Niedergeschlagenheit. Cathy stellte dieselbe Frage, die wir alle stellen: Wenn die Leute wüssten, wie wir wirklich sind, und uns ohne diesen Kram vor Augen hätten, den wir angesammelt haben, würden sie uns dann noch lieben? Oder würden sie uns vergessen, sobald wir niemandem mehr nützen?

Es handelte sich hier um die zentrale Frage unserer Identität: Sind wir gut aufgrund dessen, was wir tun oder haben, oder aufgrund dessen, was wir sind? Bin ich jemand, weil die Welt mich zu jemand macht, oder bin ich jemand, weil ich Gott gehöre, lange bevor ich der Welt gehörte? In Cathys langem Leben war so viel geschehen, dass sie die Verbindung mit der eigentlichen, unkomplizierten, liebenswerten Person, die sie war, verloren hatte.

Je länger Sue und ich mit Cathy sprachen, desto deutlicher wurde uns, dass kein Argument sie je dazu bringen konnte, sich selbst zu lieben. Tatsächlich waren wir selbst nicht ganz frei von den Fallen, von denen Cathy sprach. Auch wir waren von ihrem Wohlstand und Ruhm beeindruckt. Würde sie je imstande sein, von uns ihr wahres geistliches Ich anzunehmen? Es würde nicht lange dauern, bis sie über uns genauso dachte wie über alle anderen: auch nur potentielle Nutznießer. Als mir klar wurde, wie schwer es Cathy fallen würde, sich aus ihrem gesellschaftlichen Gefängnis zu befreien, dachte ich an Adam. Er war vielleicht der Einzige, der sie niemals in irgendeiner Weise ausnutzen würde. Er würde sie nicht um Geld bitten, strebte nicht nach Ansehen, musste bei niemandem Eindruck machen. Ich sagte: »Cathy, wir laden Sie heute zum Abendessen ins Neue Haus ein. Sie können dabei Adam und die anderen Bewohner des Hauses kennenlernen.«

Cathy war etwas überrascht. Warum sollte sie mit Behinderten zu Abend essen, wo sie doch geistliche Hilfe suchte. Ich konnte diese Frage in ihren Augen lesen, aber trotzdem erwiderte sie höflich: »Ich komme gern und möchte Ihre armen Leute kennenlernen.« Im letzten Moment entschied ich mich, sie nicht zu begleiten. Es lag mir daran, dass sie der einzige Gast war.

Als Cathy gegen 21 Uhr vom Abendessen zurückkam, war mir etwas bange zumute, denn ich fragte mich, ob ich richtig gehandelt hatte. Doch gelöst und glücklich kam sie zu uns ins Wohnzimmer. »Henri«, sagte sie »es war so schön. Ich spürte, dass man mich sehr akzeptiert, ja sich um mich sorgte und gern bei sich haben wollte. Ich glaube, sie mögen mich wirklich. Ich muss zugeben, dass ich zuerst erschrocken war, als Sie mich baten, hinzugehen, aber ich war doch sehr glücklich, dort zu sein. Alle waren nett und freundlich. Ich habe auch etwas Kontakt zu Adam gefunden, vielleicht weil ich neben ihm saß und ihm ein bisschen helfen konnte. Was für ein wunderbarer Mann ist er doch! Wirklich, der ganze Abend war wunderbar.«

Ich konnte die Veränderung in ihrem Gesicht und in ihrem Blick fast nicht für möglich halten. War das unser depressiver Gast? Mir fiel auf, dass sie ein Stückchen Schokolade in der Hand hielt. »Soso«, sagte ich, »Sie haben also Johns Schokolade gewonnen!«

»Richtig, John ist nach dem Abendessen aufgestanden und hat eine Rede gehalten, von der ich kein Wort verstanden habe. Danach bat er jeden, ihm eine Zahl zu sagen und die Farbe seines Hemdes. Das haben wir gemacht. Dann schaute er auf den Notizblock, den er in der Hand hielt, und gab bekannt, dass ich den Preis gewonnen habe. Daraufhin kam er zu mir, überreichte mir das Stückchen Schokolade und gab mir einen Kuss. Ich habe es nicht für möglich gehalten, aber ich fühlte mich dort wirklich aufgenommen. Dabei kennen mich diese Leute doch gar nicht!«

Welch ein Geschenk und Geheimnis! Eine der wohlhabendsten Frauen der Welt ist zutiefst dankbar für ein Stückchen Schokolade! Adam, Rosie, Roy und Michael vermochten dieser Frau ihr wahres Ich als Cathy, als ein großartiger Mensch wieder bewusst zu machen.

Als Cathy wieder zu Hause in New York war, rief sie uns an und sagte: »Mein Mann meinte, dass etwas Besonderes mit mir in Daybreak passiert sein muss. Er wollte wissen, was wir gemacht haben, als ich bei Ihnen war. Daraufhin habe ich ihm vom gemeinsamen Abendessen im Neuen Haus, von Adam, John und dem Stückchen Schokolade erzählt. Ich habe diese schrecklichen depressiven Anfälle nicht mehr wie früher. Ich spüre, dass Gott eine neue Bedeutung für mich gewonnen hat, und weiß, dass er mich liebt.«

In den folgenden Jahren sprachen Cathy und ich oft am Telefon miteinander. Ich besuchte sie auch zweimal. Immer wieder versicherte sie mir: »Bei meinem Besuch in Daybreak ist mit mir etwas sehr Grundlegendes geschehen. Ich bin nicht mehr so depressiv wie früher, weil ich mich mit mir selbst mehr verbunden fühle.« Ich konnte ihr ansehen, dass sie die Wahrheit sagte. Sie hatte mit vielen körperlichen Beschwerden zu kämpfen und wurde oft von Schmerzen geplagt, aber die Anfälle von Niedergeschlagenheit und Schwermut traten nicht mehr auf.

Als Cathy acht Jahre nach ihrem Besuch in Daybreak starb, bat mich ihre Familie, den Begräbnisgottesdienst zu feiern. Ich sträubte mich: »Warum ich? Sie war mit so vielen Geistlichen bekannt.« Doch ihre Angehörigen erwiderten: »Nein, wir hätten gern, dass Sie die Trauerfeier halten, denn sie war Ihnen und der Daybreak-Gemeinschaft immer so dankbar.« Ich sagte zu und erzählte den zahlreichen Familienangehörigen und Freunden, die zu ihrem Begräbnis gekommen waren, dass Gott Cathy nicht nur in ihrem Wohlstand, sondern auch in ihrer Armut gesegnet hat, denn sie war bereit, von Adam das Geschenk der Heilung und von John ein Stückchen Schokolade entgegenzunehmen. Ich weiß nicht, ob alle verstanden, was ich sagte, doch was ich jedem sagen wollte, war, dass ein sehr armer Mann etwas Wunderbares für eine sehr arme Frau getan hatte.

Schließlich die Geschichte, wie Adams authentische Lebensform mich zu einem tieferen Verständnis meiner selbst führte, oder besser gesagt, es mir aufzwang. Ich lebte bereits seit vierzehn Monaten im Neuen Haus. Ich war glücklich, dort zu sein, und meine Beziehung zu Adam vertiefte sich von Tag zu Tag. Doch eine sehr leidvolle Zeit lag vor mir. Es war das Letzte, was ich mir hätte vorstellen können. Nach den vielen Jahren als Lehrer an Universitäten war Daybreak zu meinem Zuhause geworden. Hier fand ich eine Gemeinschaft, in der ich leben konnte, Zeit zum Beten fand und Gelegenheit, für »die Armen« zu sorgen. Immer hatte ich einen Ort gesucht, an dem ich mich sicher fühlen konnte. Obwohl die Universitäten, an denen ich lehrte, mir einmalige Möglichkeiten geboten hatten, mein Denken über das geistliche Leben zu vertiefen und meine Einsichten mit Hunderten von Studenten zu teilen, hatten sie mir dennoch kein Zuhause geboten. In Daybreak hingegen war es der Fall. Hier fühlte ich mich geliebt, geschätzt, hier kümmerte man sich um mich, und nie hatte ich Zweifel, ob mein Entschluss, in die »Arche« zu gehen, richtig gewesen war.

Doch es ging noch etwas anderes mit mir vor. Das Leben in der Nähe zu Adam und den anderen brachte mich auch meinen eigenen Verwundungen näher. Während es zuerst ziemlich klar schien, wer behindert war und wer nicht, ließ das tägliche gemeinsame Leben die Grenzen verschwimmen. Adam, Rosie und Michael konnten nicht sprechen, hingegen sprach ich zu viel. Adam und Michael konnten nicht gehen, hingegen rannte ich umher, als würde das Leben nur noch aus dringenden Fällen bestehen. Ja, John und Roy brauchten Hilfe bei ihren täglichen Aufgaben, aber dasselbe galt ständig auch für mich. »Helft mir, helft mir!« Und als ich den Mut besaß, etwas in die Tiefe zu sehen und mich mit meinen emotionalen Bedürfnissen, meiner

Unfähigkeit zu beten, meiner Ungeduld und Unrast, meinen vielen Ängsten und Befürchtungen zu beschäftigen, erhielt das Wort »Behinderung« bald eine völlig neue Bedeutung. Die Tatsache, dass meine Behinderungen weniger sichtbar waren als die Adams und seiner Hausgenossen, ließ sie nicht weniger vorhanden sein.

Ich merkte immer mehr, dass die wohltuende Sicherheit des Neuen Hauses viele Schutzwälle, die ich um meine inneren Behinderungen errichtet hatte, zu erschüttern begann. In dieser liebevollen und fürsorglichen Umgebung, in der kein Konkurrenzdenken herrschte, kein Zwang, den anderen stets um eine Nasenlänge voraus zu sein, kein Druck bestand, mich irgendwie hervortun zu müssen, konnte ich erfahren, was ich bisher nicht zu sehen oder zu erfahren vermochte. Ich wurde mit einem sehr unsicheren, bedürftigen und schwachen Menschen konfrontiert: mit mir selbst. Aus diesem Blickwinkel sah ich Adam als den Starken von uns beiden an. Er war immer da, blieb ruhig, friedlich und innerlich fest. Auch Adam, Rosie, Michael, John und Roy erschienen in meinen Augen als der solide Kern unserer Gemeinschaft.

Gegen Ende 1987 merkte ich, dass ich auf eine Krise zusteuerte. Ich konnte kaum schlafen und war wegen einer Freundschaft beunruhigt, die ich für bereichernd gehalten hatte, mir aber mehr und mehr Kummer bereitete. Es war, als hätte man die Planken, die meinen emotionalen Abgrund abgedeckt hatten, weggeräumt und ich nun in eine tiefe Schlucht schauen würde, in der wilde Tiere nur darauf warteten, mich zu verschlingen. Ich wurde von quälenden Gefühlen des Verlassenseins, der Zurückweisung, Bedürftigkeit, Abhängigkeit und Verzweiflung überwältigt. Da war ich nun in dem friedlichsten Haus mit den friedlichsten Menschen und raste im Innern.

Ich sprach darüber mit einigen Mitgliedern meiner Gemeinschaft, zuerst etwas verschleiert, aber dann ganz offen und frei. Ich sprach auch bald mit einem Psychiater. Alle sagten mir ein und dasselbe: »Es ist Zeit für dich, deinen eigenen Dämonen entgegenzutreten. Es ist Zeit, deine eigenen Wunden zu verbinden. Es ist Zeit, dass sich andere deiner annehmen.«

Es war ein demütigender Vorschlag. Ich musste das Neue Haus und die Gemeinschaft verlassen und mich an einen Ort zurückziehen, an dem ich meine Ängste durchleben konnte in der Hoffnung, neue Kraft und neuen Frieden zu finden. Was hatte das alles zu bedeuten? Ich wusste es nicht. Ich war gekommen, um in einer Gemeinschaft zu leben und für Adam zu sorgen. Nun musste ich Adam anderen überlassen und meine eigenen Behinderungen in ihrem ganzen Ausmaß erkennen.

Ich durchlebte das Ringen des Menschen, daran zu glauben, geliebt zu werden, selbst wenn ich nichts besaß, worauf ich hätte stolz sein können. Ja, ich hatte die Welt der Universität und ihr Prestige aufgegeben, aber auch dieses neue Leben verschaffte mir Befriedigung, ja Bewunderung. Ja, ich wurde als guter, wenn nicht gar hochherziger Mensch angesehen, weil ich den

Armen half! Aber jetzt, da die letzte Stütze weggenommen war, wurde ich aufgefordert, daran zu glauben, dass ich auch dann noch Gottes geliebtes Kind bin, wenn ich nichts mehr vorzuweisen habe.

Indem ich diese innere Qual durchlebte, merkte ich, dass ich Adam immer ähnlicher wurde. Er besaß nichts, worauf er hätte stolz sein können. Ich auch nicht. Er war vollkommen leer. Ich war es auch. Er brauchte ununterbrochen Aufmerksamkeit. Ich nicht weniger. Ich merkte, wie ich mich diesem »Wie-Adam-Werden« widersetzte. Ich wollte nicht abhängig und schwach werden. Ich wollte nicht so hilfsbedürftig sein. Aber irgendwie verstand ich, dass die Art Adams, die Art radikaler Verwundbarkeit, auch die Art Jesu war.

Während der Monate, die ich fern von Daybreak verbrachte, konnte ich – mit viel Hilfe und Begleitung – eine sanfte und freundliche innere Stimme vernehmen, die mir sagte: »Du bist mein geliebtes Kind; an dir habe ich Wohlgefallen.« Lange misstraute ich dieser Stimme. Ich sagte mir immer wieder: »Das ist eine Lüge. Ich kenne die Wahrheit. Es gibt nichts an mir, was zu lieben sich lohnen würde.« Aber meine Begleiter standen mir zur Seite. Sie ermutigten mich, auf diese Stimme zu hören und sie stärker werden zu lassen. Als ich schließlich in der Lage war, in diese Stimme mein Vertrauen zu setzen, war ich soweit, nach Daybreak, nach Hause, zurückzukehren und dort mein Leben fortzusetzen.

Die Gemeinschaft bat mich nicht, ins Neue Haus zurückzukehren oder die Betreuung von Adam wieder zu übernehmen. Diese besondere Zeit der Sorge für Adam war an ein Ende gekommen. Andere waren an meine Stelle getreten. Man schlug mir vor, meinen Dienst als Seelsorger der Daybreak-Gemeinschaft auszuweiten.

Rückblickend muss ich sagen, dass sich die Beziehung zu Adam nach meiner Rückkehr veränderte. Vierzehn Monate über war er mein Lehrer und Leiter gewesen. Er hatte mich in der Daybreak-Gemeinschaft Wurzeln schlagen lassen, mein Herz für die Gabe der Verwundbarkeit geöffnet und mich dazu gebracht, in meinen eigenen Abgrund zu blicken. Jetzt, nachdem ich die innere Stimme der Liebe entdeckt hatte und ihr vertrauen konnte, brauchte ich das ständige Bei-ihm-Sein nicht mehr. Jetzt konnten wir Freunde sein, Mitglieder derselben Gemeinschaft, zwei Männer auf der gemeinsamen Reise zu Gott. Unser beider Armut hatte sich berührt, unsere Beziehung hatte einen festen Grund.

Ich blieb ein besonderer Freund des Neuen Hauses. Wann immer es mir möglich war, kam ich zu einer Mahlzeit und erhielt stets einen Platz neben Adam. Wenn Adams Geburtstag gefeiert wurde, luden mich seine Assistenten zur Party ein.

Bruno, Cathy und ich waren nur drei von vielen Empfängern der Wahrheit und des Lebens Adams. Wie Jesus zu Philippus gesagt hat: »Wer mich gesehen hat, hat den Vater gesehen«, so hatten wir das Privileg, einen Schimmer der Gegenwart Gottes in Adam wahrzunehmen (vgl. Johannesevangelium 14,9). Ich glaube, dass Adam von Gott gesandt wurde, so wie Gott Jesus gesandt hat, um ein Werkzeug der Gnade, eine Quelle der Heilung, ein Grund neuer Freude zu sein. Adam war so unverstellt, so friedlich und still, musste schwer atmen und dauernd unruhig mit seinen Fingern hantieren, ohne sich dessen je bewusst zu sein, welch ein besonderer Mensch er war.

In unserer von Angst und Verlorensein geplagten Gesellschaft suchen wir unablässig nach einem Begleiter und Ratgeber. Wir hoffen so sehr, dass irgendjemand – ein Guru, geistlicher Leiter oder ein Menschenfreund – uns helfen kann, Sinn in unserer Verwirrung zu finden und uns einen Weg zu innerer Ganzheit, zu Freiheit und Frieden zu zeigen. Wir suchen vor allem nach Männern und Frauen, die Ansehen genießen und weise sind, die psychologische Einsicht, ein feines geistliches Gespür und eine solide Lebenserfahrung besitzen. Das Problem liegt vielleicht darin, dass wir zu viel erwarten und sie zu viel geben möchten. Dann werden wir abhängig und sie zu kontrollierenden Aufsichtspersonen.

Adam war der am wenigsten kontrollierende und am meisten abhängige geistliche Begleiter, dem ich je begegnet bin. Vielleicht ist dies der Grund, warum ich seiner Art so viel Vertrauen entgegenzubringen vermochte. Ich glaube, dass er wie Jesus Wunder wirkte, eben darum, weil er keines je für sich in Anspruch genommen hat. Er verlangte nicht nach Geld, Ruhm und forderte keinen Dank. Für Bruno, Cathy und vor allem für mich war Adam in seiner totalen Ohnmacht ein reines Werkzeug der heilenden Kraft Gottes.

## 5
## *Adams Passion*

Das Wort »Passion« leitet sich vom lateinischen Verb *patior* ab, das so viel wie »erleiden«, »erdulden«, »Leiden auf sich nehmen« heißt. Es gehört zur selben Wortfamilie wie das Adjektiv »passiv«.

Jesu Passion kam nach viel Aktion. Drei Jahre war er von Dorf zu Dorf, von Stadt zu Stadt gewandert und hatte den Menschen die Frohe Botschaft verkündet, sie gelehrt, ihre Fragen beantwortet, Kranke geheilt, sich mit Heuchlern auseinandergesetzt, Trauernde getröstet und Tote auferweckt. Wohin er auch kam, bewunderten ihn die Volksscharen, hörten die Menschen ihm zu, baten sie ihn um Hilfe. Während dieser intensiven, fast rastlosen Jahre beherrschte Jesus die Situation, hatte sie »unter Kontrolle«. Er kam und ging, wie er selbst es für richtig hielt. Seine Jünger akzeptierten seine Führung und folgten ihm, wohin auch immer.

Aber in Getsemani – einem Garten am Ölberg – fand alle Aktion ein jähes Ende. Dort wurde Jesus von einem seiner eigenen Jünger verraten, dem Leiden ausgeliefert. Es ist der Anfang seiner Passion. Von da an konnte er nichts mehr tun, alles wurde ihm angetan. Er wurde festgenommen, ins Gefängnis eingeliefert, vor Herodes und Pilatus geführt, gegeißelt, geschmäht, mit Dornen gekrönt, musste ein Kreuz auf sich nehmen, wurde seiner Kleider beraubt, ans Kreuz genagelt und verhöhnt, bis er starb. Er konnte nicht mehr handeln. An ihm wurde gehandelt. Es war reine Passion, vollständiges Erleiden.

Das große Geheimnis des Lebens Jesu liegt darin, dass er seine Sendung nicht in der Aktion, sondern in der Passion erfüllte; nicht durch das, was er tat, sondern durch das, was ihm angetan wurde, nicht durch eigene Entscheidung, sondern durch ihn betreffende Entscheidungen anderer. So rief er, als er am Kreuz dem Tode nahe war, aus: »Es ist vollbracht!«

Adams ganzes Leben war Passion, ein Leben des Erleidens, in dem er alles erduldete, was man für ihn, mit ihm und um ihn tat. Vor allem erduldete er das vollständige Abhängigsein von den Aktionen, dem Handeln und den Entscheidungen anderer. Es gab nur wenige Gelegenheiten, bei denen er selbst die Initiative ergreifen konnte – wie etwa auf dem Bett hüpfen, den Staubsauger die Treppe hinunterstoßen oder seinen Löffel oder seine Tasse hochheben –, aber nie konnte er selbst bestimmen, wohin er gehen, mit wem er zusammen sein oder was er tun wollte. Adam wartete in jedem Augenblick seines Lebens darauf, dass andere um seinetwillen handelten. Während seiner ersten Lebensjahre war seine Gesundheit zwar noch stabil, doch stets lautete die wichtigste Frage: »Wie können wir seine epileptischen Anfälle unter Kontrolle bringen?« Adam erlitt jeden Tag Anfälle, die ihn oft so erschöpften, dass er ins Bett musste, um sich von ihnen zu erholen. Die verordneten Medikamente halfen, die epileptischen Anfälle unter Kontrolle zu halten, hatten aber Nebenwirkungen und andere Nachteile. Sie nahmen ihm seine Energie, verursachten Verstopfung und Müdigkeit und belasteten seinen Organismus. Viele Klinikbesuche waren notwendig, um die richtige Dosierung der Medikamente herauszufinden. Wenn es Anzeichen für eine zu hohe Dosierung gab, musste Adam zur stationären Beobachtung ins Krankenhaus, damit die Ärzte die richtige Dosis und Stärke der Antiepileptika neu bestimmen konnten. Niemand wusste bis zum Ende seines Lebens, dass die andauernde Medikamentengabe sein Herz geschwächt hatte.

Wir wissen nicht viel von seinen körperlichen Leiden und Kämpfen. Vielleicht bestand eines der größten Leiden Adams darin, dass er niemandem sagen konnte, wo es ihm wehtat. Als zum Beispiel Rex und Jeanne merkten, dass seine Schneidezähne ins Zahnfleisch eingedrungen waren, konnten sie schnell für ärztliche Hilfe sorgen. Aber schwieriger war das Problem seiner »Schwerhörigkeit« zu erkennen, als er ein Hörgerät bekam oder als er unter einer Überdosierung von Medikamenten litt. Es verlangte viel Einfühlungsvermögen und Fantasie, um die Ursache offensichtlicher Beschwerden herauszufinden.

Sein Gesundheitszustand war im Allgemeinen schwankend: Mal ging es ihm besser, mal schlechter. Er atmete immer mit Mühe, schwer und unregelmäßig. Allein die Atmung kostete ihn viel Kraft. Und dieser Zustand schien sich mit zunehmendem Alter noch zu verschlechtern. Hatte er eine Erkältung oder Fieber, dauerte es immer lange, bis er wieder zu Kräften kam.

Im Herbst 1994 erkrankte Adam schwer. Niemand wusste genau, was er hatte. So brachte man ihn auf schnellstem Weg in die Notfallstation des York-Central-Hospitals in Richmond Hill. Als ich kurz nach seiner Einlieferung an sein Krankenbett kam, waren schon seine Eltern da. Ann Pavilonis, die Leiterin des Neuen Hauses, sprach mit den Stationsschwestern und Ärzten: »Er hat eine doppelseitige Lungenentzündung«, berichtete mir Ann, als sie zurückkam. »Die Ärzte sind sich nicht sicher, ob sie ihn durchbringen werden.« Wir versammelten uns um Adams Bett. Er war an verschiedene Monitore angeschlossen und schien bewusstlos zu sein.

Ann sagte: »Der Arzt hat Rex und Jeanne gefragt, ob Adam an das Beatmungsgerät angeschlossen werden soll, wenn sich sein Zustand verschlechtert.« Kurze Zeit später berieten wir gemeinsam. Rex und Jeanne waren sich einig: »Wir möchten, dass Adam so lange wie möglich lebt und er so wenig wie nötig leiden muss.« Sie wünschten den Anschluss an ein Beatmungsgerät nur als eine vorübergehende Maßnahme. Sie mochten nicht daran denken, dass Adam für den Rest seines Lebens an solch ein Gerät angeschlossen bleiben sollte. »Er hat genug gelitten«, sagte Jeanne.

Aber Adam war noch nicht bereit zu sterben. Am nächsten Morgen ging es ihm wieder viel besser, und nach einer Woche war er wieder zu Hause. Bei dieser Gelegenheit wurde mir zum ersten Mal klar, wie labil der Gesundheitszustand Adams eigentlich war. Ich hatte nie ernsthaft daran gedacht, ihn verlieren zu können. Er war erst dreiunddreißig Jahre alt. Und wenn er auch intensive medizinische Betreuung brauchte, schien er kräftig genug, um noch lange zu leben.

Aber Adam blieb ziemlich schwach und erholte sich nie mehr vollständig von seiner doppelseitigen Lungenentzündung. Es wurde uns klar, dass er dem Tode sehr nahe war und wir nun nicht mehr die Möglichkeit ausschließen durften, dass sein Leben sich früh vollendet. Es fiel uns schwer, an diese Möglichkeit zu denken, und ließen sie deshalb manchmal ganz außer Acht – nicht so Ann, die als Krankenschwester für das Neue Haus zuständig war. Adam war der Mittelpunkt dieses Hauses, und sein anhaltender Schwächezustand war Anns große Sorge. Die Ärzte äußerten ihr gegenüber, dass sie nichts zur Besserung von Adams Gesundheitszustand tun konnten, sagten aber nicht viel über sein Herz.

Das Leben ging weiter, doch viele Monate konnte Adam sein Tagesprogramm nicht mehr absolvieren und verbrachte die meiste Zeit entweder im Bett oder in seinem Rollstuhl im Esszimmer, der Seele des Hauses. Rex und Jeanne, seine treuen, liebevollen Eltern, besuchten ihn immer häufiger, als ihr Sohn in die Endphase seiner Passion trat.

Die Assistenten seiner Hausgemeinschaft und seines Tagesprogramms waren zu bewundern. Es dürfte schwierig gewesen sein, den »Dienstplan« so zu erstellen, dass immer jemand bei Adam war. Aber keiner der

Assistenten beklagte sich, dass er ein Stück seiner »Freizeit« opfern musste. Jeder saß meist stundenlang bei Adam, half ihm beim Essen, wenn er selbst dazu zu schwach war, wechselte seine Windeln und fand einen Weg, ihm den einen oder anderen kleinen Leckerbissen zuzustecken. Adams große und anhaltende Schwäche erschreckte manchmal auch sie, da sie für seine Pflege unmittelbar verantwortlich waren.

Es waren alles junge Menschen, von denen viele noch nie einem chronisch Kranken oder Sterbenden nahe gewesen waren. Sie fragten: »Was ist, wenn er einen Anfall bekommt und nicht mehr aufwacht? Was ist, wenn er stirbt und ich allein im Haus bin? Was ist, wenn er in der Badewanne zusammenbricht? Was ist, wenn nachts etwas passiert?« Darum gingen ihre Sorgen, die wohl mehr sie selbst als Adam betrafen. Aber sie brauchten Vertrauen, um für ihn da sein zu können. Die Monate vergingen, und Adams Zustand besserte sich nur leicht. Da aber keine Notsituationen eintraten, beruhigten wir uns alle, und der eine und andere gewöhnte sich an Adams prekären Gesundheitszustand.

Jeanne, Rex, Michael und Adam verbrachten die Weihnachtsfeiertage immer gemeinsam im Kreis der Familie. Im Laufe der Jahre hatten sich Gewohnheiten und Bräuche ergeben, an denen sie festhielten. So wurde am Heiligen Abend der Christbaum geschmückt, heißer Apfelwein getrunken, und danach kamen die Geschenke an die Reihe, die schön eingepackt unter dem Baum lagen. Zwei Dinge waren an Weihnachten wichtig: die Geschenke und das Weihnachtsessen.

In diesem Jahr war Adam zu schwach, um Weihnachten zu Hause zu verbringen. Also kamen Michael und seine Eltern am Heiligen Abend nach dem Essen zu Adam ins Neue Haus und blieben auch am Weihnachtstag bei ihm. Es war weder für Adam noch für seine Eltern ein leichtes Zusammensein, denn Adam ging es sichtlich schlecht: Er atmete schwer und war sehr müde; zudem war Weihnachten ohne ihn zu Hause nicht mehr das, was es immer gewesen war.

Im Jahr darauf, an Weihnachten 1995, war Adam nach einer erneuten Lungenentzündung gerade aus dem Krankenhaus entlassen worden und wiederum zu schwach, um an den Feiertagen nach Hause zu können. Jeanne und Rex beschlossen, den Heiligen Abend zusammen mit Michael und Adam im Neuen Haus zu feiern. Jeanne brachte alles von daheim mit, außer dem gebratenen Truthahn. Dafür hatte John David, Adams Freund und Assistent, eine Truthahnbrust für die Arnett-Familie zubereitet. Alle andern verließen das Haus, sodass die Familie ein kleines Weihnachtsfestessen im engsten Kreis halten konnte. Etwa fünfunddreißig Mitglieder der Gemeinschaft aßen und feierten nebenan in der großen Begegnungshalle von Daybreak. Jeanne erinnert sich, dass dieser Weihnachtsabend einer der schönsten war, aber Adam so wenig Kraft besaß, dass sie ihn in seinem Rollstuhl sitzen lassen und ihn füttern wollte. Rex hingegen glaubte, Adam wollte wohl lieber mit am Tisch sitzen. Als das Essen aufgetragen war, wurde also Adam von seinem Dad an den Tisch gebracht, und die ganze Familie genoss das gemeinsame Festmahl. Adam konnte sogar allein essen, und er aß – wie in guten Zeiten – mit sichtlichem Appetit.

Alle Aktion um Adam vermochte seine Passion nicht zu mindern. Er lebte in totaler Abhängigkeit, schien sich ihr tief zu ergeben, sich völlig den Händen anderer zu überlassen und strahlte in seiner äußersten Schwachheit Licht und Frieden aus. Wenn ich dies heute bedenke, wird mir klar, dass niemand von uns sich der Wahrheit stellen wollte, dass Adam sich dem Ende seiner Passion näherte.

Adams Passion war für mich ein tiefes prophetisches Zeugnis. Sein Leben und insbesondere seine Passion bedeuteten eine radikale Kritik derjenigen von uns, die sich den Spielregeln einer Gesellschaft ausliefern, die von Individualismus, Materialismus und Sensationslust getrieben wird. Adams äußerste Abhängigkeit ermöglichte ihm, nur dann ganz und uneingeschränkt zu leben, wenn wir um ihn in liebender Gemeinschaft lebten. Die große Lehre, die er uns erteilte, lautete: »Ich kann nur leben, wenn ihr mich mit Liebe umgebt und ihr selbst einander liebt. Sonst ist mein Leben sinnlos, und ich bin eine Last.«

Adam forderte uns unüberhörbar auf, darauf zu vertrauen, dass Mit-Leiden, und nicht Konkurrenz, der Weg ist, auf dem wir unsere Berufung als Mensch erfüllen. Diese Aufforderung zwang uns, all die Grundvoraussetzungen unseres ich-bezogenen und handlungsorientierten Lebens einer Prüfung zu unterziehen.

Tatsächlich ist ein großer, wenn nicht gar der größte Teil unseres Lebens Passion. Obwohl wir alle eigenständig handeln wollen, unabhängig und selbstständig sein möchten, sind wir lange Zeit von den Entscheidungen anderer abhängig. Nicht nur dann, wenn wir noch jung und unerfahren oder schon alt und hilfsbedürftig sind, sondern auch, wenn wir uns stark und selbstsicher glauben.

Ein wesentlicher Teil unseres Erfolgs, unseres Wohlstands, unserer Gesundheit und unserer Beziehungen werden von Ereignissen und Umständen beeinflusst, die wir nicht kontrollieren können. Wir möchten so lange wie nur möglich die Illusion der Aktion aufrechterhalten, doch in Wahrheit bestimmt letztlich die Passion unseren Lebensweg. Wir brauchen Menschen, liebende und fürsorgende Menschen, die uns in den Zeiten unserer Passion stützen und uns dadurch helfen, unsere Sendung zu erfüllen.

Darin liegt für mich letzten Endes die Bedeutung der Passion Adams: Sie ist ein radikaler Appell, die Wahrheit unseres Lebens zu akzeptieren und bereit zu sein, Liebe zu geben, wenn wir stark sind, und die Liebe anderer zu empfangen, wenn wir schwach sind – und dies in Ruhe und mit Großmut.

## 6
## *Adams Tod*

Im September 1995, Monate nach Adams erster Lungenentzündung, verließ ich Daybreak, um ein Sabbatjahr anzutreten. Das ganze vorausgegangene Jahr über folgte anlässlich des 25-jährigen Jubiläums der Gründung der Gemeinschaft eine Feier der anderen. Ich spürte, dass ich eine Pause nötig hatte, Zeit zur inneren Erneuerung und zum Schreiben brauchte.

Aber es fiel mir nicht leicht, die Daybreak-Gemeinschaft zu verlassen. Ich war mit dem täglichen Leben der Kernmitglieder und deren Assistenten sehr verbunden. Neun Jahre war es jetzt her, seit ich ins Neue Haus gekommen und Adam vorgestellt worden war. Dennoch war es an der Zeit, etwas Abstand von allem zu gewinnen, diese Jahre seelsorglicher Arbeit innerlich und äußerlich aufzuarbeiten und allmählich über den letzten Abschnitt meines Lebens nachzudenken.

Als ich während der Weihnachtszeit ein paar Wochen bei meinem dreiundneunzigjährigen Vater in Europa verbrachte, hörte ich von Ann Pavilonis, dass es Adam nicht gut ging. Er hatte an Weihnachten nicht nach Hause gehen und auch nicht an den Feiern der Gemeinschaft teilnehmen können, sondern die Feiertage mit seinen Eltern und seinem Bruder Michael wieder im Neuen Haus verbracht. Adam war auch zu schwach, um sein normales Tagesprogramm zu absolvieren.

Ann ist eine sehr gute und erfahrene Krankenschwester. Sie berichtete mir am Telefon: »Die Ärzte haben festgestellt, dass Adam Herzerweiterung hat und wohl nicht mehr lange leben wird. Er ist sehr schwach. Wir alle haben vor den nächsten Wochen Angst und fürchten, ihn zu verlieren ... Bete für uns, dass wir alles gut bestehen!«

Die folgenden Wochen waren für Adam, seine Eltern und für alle im Neuen Haus sehr schwer. Adam musste mehrmals ins Krankenhaus gebracht werden und zweimal eine ganze Woche dort bleiben. Man berichtete mir, dass Rosie und Michael, seine stummen Hausgenossen, in dieser Zeit Solidarität und wirkliches Mit-Leiden mit Adam bewiesen. Zehn Jahre waren sie schon zusammen und einander sehr verbunden. Roy und John, die offensichtlich Angst vor dem Tod hatten, mochten über Adam nicht sprechen, wenngleich auch sie wussten, dass sein Zustand sich mehr und mehr verschlechterte. Sie verfolgten aufmerksam alle Gespräche über ihn und alles, was um ihn herum geschah. Die Assistenten, die sich Adam verbunden fühlten, wollten ihn zu Hause pflegen, doch sein Gesundheitszustand war so kritisch, dass sie davon Abstand nehmen mussten, wäre es doch weder für ihn noch für sie gut gewesen.

Anfang Februar wurde Adam in sehr kritischem gesundheitlichem Zustand ins Krankenhaus eingeliefert. Die Ärzte sagten Jeanne, Rex und Ann, dass sein

Herz einfach erschöpft und die Muskeln erschlafft seien. Außer einer Herztransplantation gäbe es für ihn keine Hilfe mehr.

Eine erschütternde Nachricht für Adams Eltern, umso mehr, als die Ärzte vorher nie erwähnt hatten, dass Adams Herz krank und sein Zustand so ernst war. Die Feststellung, dass er bald sterben würde, traf sie völlig unvorbereitet. Rex zog eine Herztransplantation ernsthaft in Erwägung, musste sich dann aber sagen, dass Adams Lebensqualität dadurch nicht verbessert würde.

Nachdem er diese letzte Hoffnung schließlich aufgeben musste, galt es, sich uneingeschränkt der vor ihm liegenden Wirklichkeit zu stellen. Er und Jeanne verbrachten die meiste Zeit im Krankenhaus, munterten Adam auf, spornten ihn zum Atmen an, wenn er eine längere Pause einlegte. Immer wieder redeten sie ihm gut zu und erklärten ihm, dass er es schaffen werde. Adam hörte zu und tat sein Bestes, um ihrer aus dem Herzen kommenden, liebevollen Einladung zum Leben zu entsprechen. Die Assistenten wechselten sich in bestimmten Zeitabständen an Adams Bett ab, um ihn auch nachts nicht allein zu lassen.

Am frühen Morgen des 12. Februar, einem Montag, sah Ann, dass auf dem Bildschirm der Monitore, an die Adam angeschlossen war, eine gerade Linie erschien. Als der Arzt kam, konnte er keinen Herzschlag mehr wahrnehmen. Er schaltete den Monitor ab und sagte, dass Adam einem Herzversagen erlegen sei. Die Stationsschwester ließ das Bett etwas tiefer herunter und verließ dann das Zimmer, um Ann mit Adams Leichnam allein zu lassen.

»Sobald sie draußen war«, erinnert sich Ann, »kurbelte ich das Bett wieder hoch und begann mit Adam zu sprechen. Ich weiß nicht mehr genau, was ich alles sagte, weil es sehr strenge Worte waren, aber im Grunde sagte ich ihm, und zwar sehr deutlich, dass seine Eltern noch nicht da seien und dass er doch nicht einfach sterben könne, bevor sie nicht gekommen sind. Ich wusste, dass sie schon unterwegs waren. Ich massierte seine Brust und sprach laut, rief ihn an, dass er doch hören soll. Nach einigen Minuten tat Adam einen tiefen Atemzug und atmete dann wieder weiter. Ich sagte zu ihm: ›Natürlich weißt du, dass du uns bald verlassen wirst. Aber du darfst nicht gehen, solange deine Eltern dich nicht gesehen und dir Auf Wiedersehen gesagt haben.‹

Ich rief die Stationsschwester, die ihren Augen nicht traute und den Arzt rief. Er erklärte mir, dass wirklich keine Hoffnung mehr für Adam bestehe und dass ich ihn gehen lassen sollte. Ich erwiderte aber, dass Adam noch so lange leben müsste, bis seine Eltern bei ihm wären. Überrascht fragte der Arzt: ›Ach, Sie sind nicht seine Mutter?‹ Worauf ich erwiderte: ›Nein, aber seine Eltern sind unterwegs hierher.‹ Kopfschüttelnd verließ der Arzt das Zimmer und sagte, er würde später wieder vorbeikommen. Als Jeanne und Rex schließlich eintrafen, atmete Adam wie früher.«

Inzwischen hatte sich in Daybreak die Nachricht, dass Adam im Sterben lag, wie ein Lauffeuer verbreitet.

Alle, die zu seiner Tagesgruppe gehörten, versammelten sich in der großen Begegnungshalle und besprachen die Reihenfolge, in der sie Adam besuchen und sich von ihm verabschieden wollten. Jede(r) Einzelne dieser Gruppe ist ernsthaft behindert, sodass die Assistenten untereinander absprechen mussten, wer zuerst im Rollstuhl mit dem Bus fahren konnte und wer noch bis zum späten Vormittag warten sollte. Sie einigten sich, dass Tracy und Michael zuerst gehen, und holten ihre Jacken und Rollstühle, ohne auf Rosie zu achten, die erst später fahren sollte. Sie war in der Zwischenzeit hinausgewankt, hatte die Jacke halb angezogen und ihren Rollstuhl schon vor den Eingang der Halle geschoben.

Ebenso wie Adam kann Rosie nicht sprechen. Erst als sie fünfundzwanzig Jahre alt war, lernte sie gehen. Viele Jahre hatte sie bis dahin in einem Gitterbett in einem Heim verbracht. Rosie findet keinen näheren Kontakt zu anderen und schreit oft ohne ersichtlichen Grund. Man meint, sie würde in einer anderen Welt leben. Als Tracy und Michael fertig zur Abfahrt waren, saß Rosie in ihrem Rollstuhl, der mitten im Eingang stand. Cathy hob sie behutsam aus dem Rollstuhl und sagte ihr, dass sie noch etwas warten müsste, aber gegen 11 Uhr abgeholt würde, und brachte sie samt ihrem Rollstuhl wieder in die Halle. Beim Fortgehen klingelte das Telefon, worauf Cathy wieder zurückging, um sich zu melden. Als sie nach zwei Minuten wieder an die Tür kam, wer saß da im Rollstuhl und versperrte den Weg? – Rosie!

Cathy fragte sie: »Rosie, möchtest du uns etwas sagen?«, und wartete einen Augenblick. Darauf versuchte sie, Rosie wieder in die Halle zu bringen. Aber Rosie klammerte sich an ihrem Rollstuhl fest. »Vielleicht kannst du jetzt schon mitgehen, Rosie. Aber du darfst im Krankenhaus nicht solchen Lärm machen wie bei uns! Adam ist sehr, sehr krank. Wir gehen zu ihm, um ihm auf Wiedersehen zu sagen. Wenn du laut bist, müssen wir alle fortgehen, und die anderen dürfen erst gar nicht kommen. Was meinst du?« Rosie hielt ihren Rollstuhl weiter fest, so als wollte sie sagen: »Bitte, ich möchte jetzt gehen.«

Wie Adams Angehörige zögerten auch die Stationsschwestern, ob sie diesen Aufmarsch von Leuten in seinem Zimmer – alle wollten ihm Lebewohl sagen – erlauben sollten. Doch dieser Leute wegen stimmten sie zu. Rosie, die wegen ihres »Lärmens« vorgewarnt war, wurde ins Zimmer neben Adams Bett geschoben. Still schaute sie ihm in die Augen. Es schien, als schaute er zurück. Sie streckte die Hand aus und ergriff die seine. Noch nie hatte sie jemand diese Geste machen gesehen. Fast zwei Minuten lang hielt sie seine Hand und blickte ihn dabei an. Dann legte sie seine Hand wieder behutsam aufs Bett und lehnte sich in ihren Rollstuhl zurück, um wieder zu gehen. Rosie und Adam hatten einander Lebewohl gesagt. Rosie war zum Abschied bereit.

Am selben Morgen erhielt ich in Watertown/Massachusetts, wo ich mich gerade aufhielt, einen Anruf von Kathy Christie, meiner Sekretärin in Daybreak. Sie berichtete mir, dass Adam einen schweren Rückschlag erlitten habe und diesmal wenig Hoffnung bestünde, dass er ihn überlebt. Ein paar Stunden später saß ich im Flugzeug nach Toronto.

Als ich Adams Krankenzimmer betrat, war ich tief gerührt, meinen lieben Freund, dessen letzte Stunden mit uns allem Anschein nach angebrochen waren, vor mir liegen zu sehen. Ich küsste ihn auf die Stirn und streichelte ihm das Haar. Obwohl seine Augen geöffnet waren, war ich mir nicht sicher, ob er mich erkannte. Rex, Jeanne und Ann begrüßten mich und schauten mich traurig an. Man sah es ihnen an, dass sie in den letzten Monaten viel durchgemacht haben mussten. Bis vor Kurzem hatten sie gehofft, Adam würde sich wieder erholen. Jetzt aber wussten sie, dass der Tod ganz nahe war.

»Danke, Henri! Vielen Dank, dass du gekommen bist«, sagte mir Jeanne weinend. »Du warst Adam sehr nahe. Ich fürchte, seine Zeit ist gekommen. Wir müssen ihn gehen lassen. Er hat lange genug gelitten ... zu lange.«

Bald nach mir kamen auch Michael, Adams Bruder, mit einem Assistenten, um bei Adam zu bleiben. Er ging zielsicher auf Adams Bett zu und sprach zu sich selbst und zu Gott: »Ich ... möchte ... dass du meinem Bruder hilfst. Bitte, hilf meinem Bruder, dass er wieder gehen kann!« Traurig schaute er seine Eltern an, sein Vater nahm ihn in den Arm. Als Michael mich ein paar Minuten später sah, kam er zu mir und umarmte mich, legte seinen Kopf auf meine Schulter und schluchzte laut. Ich hielt ihn lange fest, während es ihn vor Weinen am ganzen Körper schüttelte. Dann drehte ich mich mit ihm zu Adam um. Als alle um Adams Bett standen, gab ich Michael den kleinen silbernen Behälter mit geweihtem Öl in die Hand und salbte dann Adams Stirn und seine beiden Hände, während ich Gott bat, er möge ihm alle innere Kraft geben, die er für seinen letzten Übergang brauchte.

»Mein, mein, mein Bruder ... geht ... in den Himmel«, stammelte Michael unter Tränen. »Mein Herz tut weh ... mein Herz tut weh, Father.« Ich umarmte ihn wieder, und wir weinten gemeinsam. Es war ergreifend, wie Michael seinen Eltern seinen Schmerz mitteilte, wie er seinen Tränen freien Lauf ließ, während wir um Adam versammelt waren. Nach vielleicht einer Stunde verabschiedete sich Michael mithilfe seines Vaters von Adam und verließ das Krankenhaus, um wieder nach Hause gebracht zu werden.

Es war inzwischen sechs Uhr abends geworden, aber Jeanne und Rex verfolgten weiterhin jeden Atemzug Adams unter der Sauerstoffmaske. Sie versuchten, ihm jede Erleichterung zu verschaffen, und redeten ihm bei jedem neuen Atemzug gut zu. Immer wieder feuchteten sie seine Lippen mit einem kleinen Schwamm an.

»Er gibt nicht so leicht auf«, sagte ich. »Er ist ein wirklicher Kämpfer.« Ann Pavilonis warf ein: »Ich bin überzeugt, dass er nur auf Rex, Jeanne und dich gewartet hat. Da ihr jetzt hier seid und ihn gesehen habt, ist es Zeit, ihn gehen zu lassen.«

Selbstverständlich hörten wir nicht auf sie. Adams Eltern spornten ihren Sohn weiter an und sagten: »Atme, Adam! Los, du schaffst es! Atme fest!« Schließlich nahm Ann beide zur Seite und versuchte, ihnen zu erklären, dass es nicht mehr an der Zeit war, Adam zum Leben aufzufordern. »Ihr müsst ihn segnen und ihm erlauben zu gehen«, sagte sie. Zögernd gingen beide zu Adam und sagten ihm, dass er jetzt gehen könne. Ich saß an seinem Bett, strich Adam über den Kopf und nahm hin und wieder sein Gesicht in meine Hände.

Den ganzen Abend über kamen Mitglieder der Daybreak-Gemeinschaft. Sie warteten im Besucherzimmer, um sich dann einer nach dem anderen kurz von Adam zu verabschieden und mit jedem von uns ein paar Worte zu wechseln. Von Zeit zu Zeit versammelten sich mehrere von uns an Adams Bett, hielten seine Hand, beteten für ihn, für seine Eltern, seine Angehörigen und seine vielen Freunde. Wir baten Gott, er möge uns allen einen tiefen inneren Frieden und die Freiheit schenken, Adam heimkehren zu lassen, wenn seine Zeit gekommen sei.

Später am Abend schaltete die Stationsschwester die Monitore aus. Rex und Ann nahmen Adam die Sauerstoffmaske ab, sodass er an keinen unterstützenden Apparat mehr angeschlossen war. Sein Tod war nahe. Alles, was man tun konnte, war, es ihm so leicht wie möglich zu machen. Dann begann sein Ringen um Luft. Obwohl es so aussah, als hätte er keine Schmerzen, musste er mühsam um jeden Atemzug kämpfen. Jeanne sagte mit einem gewissen Stolz: »Ich frage mich, wie Adam das mit einem so schwachen Herzen schafft. Er gibt bestimmt nicht so schnell auf. Er ist stark.« Rex kniete neben dem Bett und hielt Adams Hand. Jeanne stand auf der anderen Seite und hatte ihre Hände auf Adam gelegt.

Um Mitternacht schien es, als könnte Adam die Nacht überstehen. Mehr und mehr fühlte ich mich erschöpft. Ann sagte mir: »Geh doch nach Hause und schlaf etwas. Rex, Jeanne und ich bleiben hier und werden dich rufen, wenn Adam stirbt.«

Kurz nachdem ich mich in meinem Zimmer im Dayspring-Haus hingelegt hatte, es war gegen ein Uhr nachts, rief Ann an: »Henri, Adam ist gestorben!« Sofort fielen mir die Worte Jesu ein: »Es ist vollbracht!« Adams Leben – und Sendung – waren an ihr Ende gekommen.

Eine Viertelstunde später war ich wieder im Krankenhaus. Adam lag vollkommen ruhig da, in Frieden. Kein Ringen mehr um den nächsten Atemzug, kein krampfhaftes Zucken mit den Händen, kein ruheloses Hin- und Herwerfen des Körpers. Rex, Jeanne und Ann saßen am Bettrand und berührten Adams toten Leib. Es flossen Tränen, Tränen des Verlustes, aber auch der Erleichterung. Wir vier hielten uns an den Händen und blickten auf Adams gelöstes Gesicht, beteten in Dankbarkeit für das Geschenk seines vierunddreißig Jahre währenden Lebens und für alles, was er uns in seiner körperlichen Schwachheit und unglaublichen geistlichen Kraft gegeben hatte.

Ich konnte meinen Blick nicht von seinem Gesicht abwenden. Ich dachte mir: »Hier liegt der Mensch, der mich mehr als jeder andere mit meinem eigenen Ich, mit meiner Gemeinschaft und meinem Gott in Verbindung gebracht hat. Hier liegt der Mensch, für den ich sorgen sollte, der mich aber so außerordentlich tief in sein Leben und in sein Herz aufgenommen hat.

Ja, ich habe für ihn während meines ersten Jahres in Daybreak gesorgt und ihn sehr lieb gewonnen, aber er war für mich ein unschätzbares Geschenk. Hier liegt mein Ratgeber, mein Lehrer, mein Leiter, der mir kein einziges Wort sagen konnte, mich aber mehr gelehrt hat als jedes Buch, jeder Professor oder geistliche Führer. Hier liegt Adam, mein Freund, mein guter Freund, der verwundbarste Mensch, der mir je begegnet ist, und zugleich der stärkste. Er ist jetzt tot. Sein Leben ist vorbei. Seine Sendung ist erfüllt. Er ist zum Herzen Gottes, von dem er hergekommen ist, zurückgekehrt.«

Ich empfand eine große Traurigkeit, aber zugleich eine große Freude. Ich hatte einen Gefährten verloren und einen Beschützer für den Rest meines Lebens gewonnen. Ich betete: »Mögen alle Engel Adam in das Himmelreich geleiten. Mögen sie seine Seele aufnehmen und hinführen vor das Antlitz des Allerhöchsten.«

Der Tod ist ein großes Geheimnis und stellt uns vor die drängenden Fragen: »Warum lebe ich?« »Wie lebe ich?« »Für wen lebe ich?« und auch: »Bin ich bereit zu sterben, jetzt ... oder später ...?« Es war, als hätte Adam mir die Freiheit gegeben, diese Fragen in mir aufkommen zu lassen. Es war, als würde er sagen: »Hab keine Angst, Henri! Lass meinen Tod sich mit deinem Tod befreunden! Erst wenn du dich nicht mehr vor deinem Tod fürchtest, wirst du in Ganzheit, in Freiheit und Freude leben können.«

Es war ein großes Privileg, mit Rex, Jeanne und Ann an seinem Sterbebett zu stehen und mit ihnen den heiligen Augenblick des Übergangs zu erleben. Ich fühlte mich wie Johannes, der Lieblingsjünger Jesu, der mit Maria unter dem Kreuz stand. Ich habe keine leiblichen Kinder, aber Adam war mir zum Sohn geworden und war mir auch zum Vater geworden. Hier, vor seinem reglosen Leib, wusste ich, dass Gott mich nicht allein gelassen hatte, kinderlos, heimatlos.

Als Jesus mit dem Tode rang, sagte er zu Maria und blickte dabei auf den Jünger, den er liebte: »Frau, siehe, dein Sohn«, und zu dem Jünger: »Siehe, deine Mutter!« (vgl. Johannesevangelium 19,26f). Dadurch wurde sein Tod zum Beginn einer neuen Gemeinschaft. Auch Adam knüpfte in diesem Augenblick und an den folgenden Tagen Gemeinschaftsbande zwischen seiner Familie, früheren und gegenwärtigen Mitgliedern der Gemeinschaft und Freunden.

Gegen drei Uhr morgens kam der Arzt. Rex und Jeanne verstanden, dass der Augenblick zum ersten Abschiednehmen gekommen war. Rex sagte: »Bitte, Herr Doktor, gehen Sie behutsam mit seinem Leib um!« Genau das hat Rex vierunddreißig Jahre getan.

Als wir das Krankenhaus verließen, bestanden Rex und Jeanne darauf, mich nach Hause zu bringen. Es war grimmig kalt. Alles war still und lag unter der Decke des siebten Schneesturms jenes harten Winters. Eine Viertelstunde später ließen sie mich vor dem Dayspring-Haus aus ihrem Wagen aussteigen. Als ich ihnen bei der Abfahrt nachwinkte, versuchte ich mir vorzustellen, was in ihrem Herzen nun vorging. Ein Mann und eine Frau fuhren durch die Nacht und trauerten um ihren geliebten Sohn, dem sie ihre ganze Liebe und Fürsorge entgegengebracht hatten. Ich konnte ihren Schmerz kaum erfassen. Zugleich aber war ich mir sicher, dass Adam ihnen nahe war, sie beschützte und über sie wachte. Er wird sie in ihrer Trauer nicht allein lassen.

## 7
## *Totenwache und Adams Begräbnis*

Als ich am nächsten Morgen erwachte, nahm ich mir vor, mich Adams Bruder Michael anzunehmen und ihm etwas Zeit zu widmen. Mary Bastedo, die Leiterin des Hauses, in dem Michael lebt, schlug mir vor, ihn zu einer Cola auszuführen. »Er möchte jetzt gern mit dir zusammen sein«, sagte sie.

Also machte ich mich mit Michael auf den Weg zu einer kleinen Gaststätte in Richmond Hill, um unsere Cola und eine Tasse Kaffee zu trinken. Wir saßen zusammen und sprachen über uns und über Adam. Ich sagte: »Michael, ich bin sehr froh, dass wir beide Freunde sind.« Da packte Michael in der ihm eigenen Art die Armlehne seines Stuhls, rückte ein bisschen näher an mich heran, lächelte und erwiderte: »Ja, ... Father, ich bin ... dein ... Freund.«

Ich sagte: »Dein Bruder Adam hat uns verlassen und ist jetzt bei Gott. Heute werden wir in das Haus gehen, in dem Adam aufgebahrt ist und du seinen toten Leib sehen wirst. Und morgen werden wir seinen Leib auf dem Friedhof begraben.«

Michael schaute mich mit Tränen in den Augen an und erwiderte: »Ich mag das nicht, Father. Ich ... mag das nicht ... in ... der Erde«, und er zeigte dabei auf den Boden.

Ich entgegnete: »Ich mag das auch nicht, Michael. Aber ich hoffe wirklich, dass Gott Adam einen neuen Leib gibt, damit er im Himmel herumgehen und sprechen kann und sich mit seinem Opa, seiner Oma und mit seinem Onkel, die auch schon alle dort sind, unterhalten kann.«

Michaels Trauer war groß. Aber zum Glück ließ er sich ab und zu kurz ablenken. Eine kleine Ablenkung konnte ich ihm dadurch bieten, dass ich ihn in meinen Wagen setzte, das Radio einschaltete und mit ihm eine kleine Rundfahrt unternahm. Mein Empfinden sagte mir, dass Michael es schon verkraften würde. Er ist ein sehr frommer Mann. Sein Glaube wird ihm in den nächsten Tagen und Wochen helfen.

Als ich am Nachmittag zur Leichenhalle ging und Adam im Sarg sah, war ich überrascht. Er sah jung aus wie ein Achtzehnjähriger, der gerade eingeschlafen ist. Sein Gesichtsausdruck war gelöst, seine Haut zart, sein Haar sorgfältig gekämmt. Er war schön gekleidet, hatte ein helles Hemd und einen gelben Wollpullover an. Seine Schönheit und Jugendlichkeit rührten mich an. Es war das erste Mal, dass ich ihn mit geschlossenem Mund und ganz ruhig sah. Ich konnte kaum glauben, dass es derselbe war, der mir so viel gegeben und dabei kein einziges Wort zu mir gesagt hatte; der nie im Garten herumgehen, Ball spielen, regelmäßig die Schule besuchen oder Bücher lesen konnte. Er war zufrieden, einfach bei seinen Freunden zu sitzen. Er sah so gesund aus, so unversehrt, so hübsch, dass ich meinen Blick kaum von ihm abwenden konnte. Es war, als gewährte er mir schon ein erstes, flüchtiges Erahnen des neuen, unvergänglichen Leibes, den Gott ihm bei der Auferstehung geben wird.

Jeanne hatte sich gefragt, ob es richtig sei, Adam im offenen Sarg aufzubahren. »Adam ist doch jetzt tot«, hatte sie hin und her überlegt. »Warum sollen die Leute noch seinen Leichnam sehen und ihn so in Erinnerung behalten?« Dennoch gab ich ihr zu überlegen, den Sarg eine Weile offen zu lassen, damit alle, die Adam wirklich noch einmal sehen wollten, bevor er der Erde übergeben wird, dazu die Möglichkeit haben. Als Jeanne ihren Sohn so gelöst, so schön und friedlich im Sarg liegen sah, verstand sie, wie sehr uns daran lag, ihn noch einmal ansehen, ihm über sein Haar streichen und seine Stirn küssen zu können.

Während der Besuchszeiten am Nachmittag und Abend kamen viele Mitglieder der Daybreak-Gemeinschaft – und dies nicht nur einmal –, um Adam im Sarg zu sehen. Der größte Raum der Leichenhalle, in dem Adam aufgebahrt lag, war voller Menschen. Ann, John-David, Leszek, Jody und Claudia, die Assistenten, die mit Adam im Neuen Haus monate- oder jahrelang gelebt hatten, waren tief gerührt, als ihnen hier bewusst wurde, dass Adam wirklich von uns gegangen war. Es fiel ihnen schwer, sich das Leben im Neuen Haus ohne ihn vorzustellen.

Auch Adams Freunde und Mitbewohner im Neuen Haus kamen; sogar John trotz seiner großen Angst vor Krankenhäusern, Leichenhallen, Friedhöfen und Kirchen, da sie ihn an den Tod seiner Mutter erinnern.

John hatte seit dem Tag, an dem Adam nach Daybreak kam, mit ihm zusammengelebt und ihm immer viel Zuneigung und Liebe entgegengebracht. Er wiederholte oft, was er am besten sagen konnte, so zum Beispiel: »Henri, bist du heute Abend zu Hause?« Er suchte Kontakt, Zusammensein, Nähe, wenngleich seine eigenen Erfahrungen und Wunden nicht zuließen, dass er seinem verängstigten Herzen Ausdruck verlieh.

Rosie kam ebenfalls. Sie war im selben Jahr wie Adam in die Daybreak-Gemeinschaft aufgenommen worden. Obwohl sie schwerstbehindert ist und für Außenstehende in einer eigenen, undurchdringlichen Welt zu leben scheint, merkten es ihr alle an, die mit ihr leben und arbeiten, dass die Krankheit und der Tod Adams sie erschüttert hatten. Als sie an der Reihe war, sich von ihm zu verabschieden, genügte es ihr, auf ihren unsicheren Beinen an der Hand eines Assistenten an den Sarg zu Adam zu treten, ihm einen Blick zu schenken und sich dann – etwas abseits von der Menge der Leute – eine Weile auf den Boden zu setzen. Oft äußert Rosie ihre Freude oder ihren Schmerz mit einem lauten, durchdringenden Schrei. Doch hier, da sie ihren Freund vor sich liegen sah und den Schmerz seines Verlustes tief empfand, war sie die meiste Zeit ruhig und gefasst.

Auch ein anderer Michael, nicht Adams Bruder, kam in seinem Rollstuhl. Wegen seines Hirnschadens und geistigen Behinderung fällt es ihm sehr schwer, sich anderen mitzuteilen. Selbst als er vor Adams Sarg stand und ihn darin regungslos liegen sah, war es

Michael nicht möglich, auch nur ein Wort zu sagen. Doch allein zu sehen, wie er vor Adams Sarg stand, war für alle sehr bewegend. Erst am nächsten Tag, bei der Beerdigung, brachte er seinen Schmerz mit einem durchdringenden Schrei zum Ausdruck.

Roy, ein weiterer Hausgenosse Adams, war nicht in der Lage, dem Tod direkt gegenüberzutreten. Er wusste, dass ein Besuch in der Leichenhalle ihn zu sehr aufwühlen würde. Doch zu Hause fragte er ständig: »Wie geht es Adam, wie geht es Adam?« Er strengte sich an, bei aller Trauer froh und optimistisch zu sein. Zugleich litt er innerlich und konnte plötzliche Ausbrüche von Enttäuschung und Wut nicht unterdrücken. Er hatte Adam aufrichtig geliebt und immer ein freundliches Wort für ihn übrig gehabt. Diese beiden jungen Männer hatten eine wirkliche Beziehung zueinander. Nach der Beerdigung gingen Ann und Roy zusammen an Adams Grab. Roy schien sich danach erleichtert zu fühlen.

In der großen Halle, in der Adam aufgebahrt war, standen die Menschen dicht gedrängt: Nicht nur Mitglieder der Gemeinschaft und Adams Angehörige, sondern auch Freunde waren von weit hergekommen, um ihm das letzte Geleit zu geben. Greg und seine Frau Eileen, die Adam im Neuen Haus kennengelernt und dort mit ihm eine Zeit lang gelebt hatten, kamen aus Chicago; Steve, ein früherer Assistent, der für Adams tägliches Beschäftigungsprogramm zuständig war, kam im Flugzeug aus Seattle; schließlich Peter, der zwei Jahre lang Leiter des Neuen Hauses war und während dieser Zeit Adam begleitete, kam aus Neu-Schottland, um an der Totenwache und Beerdigung teilzunehmen.

Während wir uns in der Leichenhalle aufhielten, unterbrachen wir oft die Gespräche und bildeten einen großen Kreis um den Sarg, um gemeinsam zu beten. Ich sprach den 27. Psalm »Der Herr ist mein Licht und mein Heil« und hatte das Empfinden, er hätte Adam eine Stimme gegeben. Nach solchen Zeitabschnitten des Gebets standen wir im Kreis zusammen und erzählten einander – mal mit einem Lächeln, mal mit einer Träne und manchmal auch beidem – Geschichten und Begebenheiten aus Adams Leben.

Trauer und Freude tanzten miteinander um Adams toten Leib. Trauer und Lachen, das Gefühl eines unwiederbringlichen Verlusts und das Gefühl eines großen Gewinns. Es war, als hörten wir Adam uns sagen, was Jesus den trauernden Jüngern gesagt hatte: »Musste nicht der Messias all das erleiden, um so in seine Herrlichkeit zu gelangen?« (Lukasevangelium 24,26).

Jesus sagte noch etwas anderes, um uns in diesem Augenblick Hoffnung zu geben: Er sagte:

*Wenn das Weizenkorn*
*nicht in die Erde fällt und stirbt,*
*bleibt es allein;*
*wenn es aber stirbt,*
*bringt es reiche Frucht.*
*Wer an seinem Leben hängt, verliert es;*
*wer aber sein Leben in dieser Welt gering achtet,*
*wird es bewahren bis ins ewige Leben.*
*(Johannesevangelium 12,24–26)*

Als wir alle so um Adams Leichnam versammelt waren, empfand ich, dass die Worte Jesu über sich selbst uns einen ersten, flüchtigen Einblick in das Geheimnis der unermesslichen Fruchtbarkeit von Adams Leben und Tod gewährten.

Am Donnerstag, dem 15. Februar 1996, versammelten sich einige Hundert Menschen in der katholischen Pfarrkirche »Heilige Maria von der Unbefleckten Empfängnis« in Richmond Hill, um Adams Leben und Tod zu feiern. Als der Sarg mit Adams Leichnam in die Kirche getragen wurde und sich alle erhoben, ergriff mich der Gedanke, dass die vielen hier versammelten Menschen von diesem höchst verwundbaren und bewunderungswürdigen jungen Mann tief berührt worden waren. Der hier zu uns sprach – nicht in Worten, sondern durch sein Beispiel –, war kein brillanter Künstler, berühmter Musiker, keine bedeutende Gestalt des kirchlichen Lebens und auch kein erfolgreicher politischer Führer. Es war vielmehr Adam, der keine Reisen machen, Reden halten oder Bücher schreiben musste, um seine Botschaft des Friedens zu verkünden. Es war Adam, der keinen Pfennig verdienen musste, denn er hatte eine fürsorgende Gemeinschaft um sich; Adam, für den wir alle uns mit Tränen in den Augen erhoben und für den unser Herz voll Liebe war.

Als acht enge Freunde Adams den Sarg in den Chorraum der Kirche begleiteten, sangen wir:

*Selig, die arm sind vor Gott;*
*denn ihnen gehört das Himmelreich.*

*Selig die Trauernden;*
*denn sie werden getröstet werden.*

Wir hörten die Worte des Apostels Paulus: »Das Schwache in der Welt hat Gott erwählt, um das Starke zuschanden zu machen« (1. Korintherbrief 1,27).

Und wir hörten die Worte der Vision Jesu: »Selig, die keine Gewalt anwenden; denn sie werden das Land erben« (Matthäusevangelium 5,5). Wir verstanden, dass diese Worte tatsächlich von Adam sprachen.

Als ich dann am Altar stand, vor mir der Sarg mit Adams Leib, das eucharistische Brot in den Händen hielt und die Worte Jesu sprach: »Nehmt und esset alle davon: das ist mein Leib, der für euch hingegeben wird«, wusste ich auf ganz neue Weise, dass Gott für uns einen Leib angenommen hat, damit wir Gott berühren und geheilt werden können. Gottes Leib und Adams Leib waren eins, denn Jesus sagt uns klar: »Was ihr für einen meiner geringsten Brüder getan habt, das habt ihr mir getan« (Matthäusevangelium 25,40). Ja, in Adam berührten wir den lebendigen Christus unter uns.

Bald darauf kamen alle nach vorn, um den Leib Christi zu empfangen, und nach der Feier der Eucharistie ein zweites Mal, um Adams Sarg zu berühren und ihm ein letztes Lebewohl zu sagen. Als wir unsere Hände über das Holz gleiten ließen, sangen wir den alten irischen Segen:

*Möge die Straße sich mit dir erheben.*
*Möge der Wind dir stets in den Rücken wehn.*
*Möge die Sonne dir wärmend ins Gesicht scheinen.*

*Möge der Regen sanft auf deine Felder fallen.*
*Bis wir uns wiedersehn,*
*möge Gott dich in der Muschel seiner Hände bergen.*

Die Träger, die Adams Leichnam an den Altar begleitet hatten, trugen ihn nun aus der Kirche hinaus, während wir sangen:

*Gott wird dich erheben auf des Adlers Schwingen,*
*dich tragen auf dem Hauch der Dämmerung,*
*dich wie die helle Sonne leuchten lassen*
*und dich halten in seinen offenen Händen.*

Michael und ich fuhren im ersten Wagen des Trauerzuges zum Friedhof. Nach der Begräbnisliturgie war Jeanne zu mir gekommen und hatte gesagt: »Michaels Trauer ist so groß, dass ich mich frage, ob wir ihn wirklich auf den Friedhof mitnehmen sollen.« Doch ich meinte, dass Michael bei seinen Eltern und seinen Freunden sein wollte und dass es für ihn nicht gut wäre, wenn er seine Trauer nicht bis zu Ende erleben würde. Ich sagte zu ihm: »Warum kommst du nicht zu mir in den ersten Wagen?« Ohne zu zögern, erwiderte Michael: »Ja ... Father. Ich fahre ... mit dir ... in deinem Auto.«

Auf dem Friedhof brachten die acht Träger Adams Leichnam an die Grabstätte. Sie stellten den Sarg auf ein Metallgestell, auf dem er dann ins Grab gesenkt werden konnte. Über das Grab selbst waren große Holzbretter gelegt, die beiden ausgehobenen Erdhügel mit großen grünen Tüchern bedeckt. An die hundert Menschen hatten Adam an seinen letzten Ruheplatz begleitet. Es war ein schöner, sehr kalter Tag. Heller Sonnenschein ergoss sich über den schneebedeckten Friedhof. Kein Windhauch regte sich, und jedes Wort, das gesagt wurde, war deutlich zu hören.

Michael schaute gebannt auf den Weihwasserwedel in meiner Hand, sodass ich es für gut hielt, ihn Adams Grab und seinen Sarg mit Weihwasser besprengen und segnen zu lassen. Nach einem kurzen Gebet überreichte ich Michael den Wedel. Und während ich ihn mit beiden Händen hielt, beugte er sich etwas über den Sarg und besprengte ihn sehr sorgfältig. Dabei ging er langsam von der einen Seite auf die andere. Danach betete ich:

*Guter Gott,*
*in deine Hände empfehlen wir*
*unseren Sohn, Bruder und Freund Adam.*
*Wir vertrauen darauf, dass er mit allen,*
*die in Christus gelebt haben und gestorben sind,*
*am Jüngsten Tag zum Leben erweckt*
*und auf ewig bei dir leben wird.*
*Nimm unseren lieben Adam auf ins Paradies,*
*und hilf uns, einander zu trösten*
*und in unserem Glauben zu stärken,*
*bis wir alle in Christus vereint*
*und auf ewig bei dir und bei Adam sind.*

Nach diesen Gebeten kamen zwei junge Männer in Overalls und mit einem Schutzhelm. Unverzüglich zogen sie die beiden künstlichen Grasdecken und die Bretter unter dem Sarg beiseite. Ich musste lächeln. Sie erinnerten mich an die Totengräber aus Shakespeares

»Hamlet«, die dem Drama eine gewisse komische Note geben. Während alle warteten, ließen ihr jugendlicher Drang und ihre Geschäftigkeit keinen Zweifel aufkommen, dass wir wirklich dabei waren, Adam der Erde zu übergeben und ihn nicht allein auf der Erde im Schnee zurückzulassen. Nachdem alle Bretter weggeräumt waren, senkten die beiden Männer den Sarg in das Grab. Ich empfand es wie eine lange, langsame Reise in die Erde. Beim Hinablassen des Sarges sangen alle: »Halleluja, Halleluja, Halleluja.« Die beiden Männer schauten aufmerksam in die Grube, bis der Sarg auf dem Boden stand, um dann die Seile samt Senkbühne wegzuschaffen. Dann reichten sie mir und Rex eine Schaufel, die wir in die frische Erde stießen, um ein paar Brocken auf den Sarg tief unten fallen zu lassen. Die Schaufeln wurden von Hand zu Hand gereicht, bis alle, die es wollten, an der Reihe waren.

Dieses ganze Geschehen hatte etwas Endgültiges. Ich schaute auf Adams Sarg im Grab, sah den einfachen Blumenstrauß darauf und wusste, dass Adam ohne jeden Zweifel nie wieder bei uns sein wird. Ein Berg von Erde wird seinen Leib bedecken und ihn mehr und mehr zu einem Teil des Erdreichs werden lassen, das ihn umgibt. Hier, vor diesem großen Erdloch, wurde ich mit der Endgültigkeit des Todes, doch auch mit der Hoffnung auf die Auferstehung konfrontiert.

Wir alle spürten es. Wir ließen die gefrorenen Erdbrocken ins Grab fallen und hörten das dumpfe Aufschlagen auf dem Sarg. Trauer erfüllte unser Herz.

Michael schluchzte in den Armen seiner Freunde, und John, der seinen Schmerz endlich zum Ausdruck zu bringen vermochte, brach vor Trauer in lautes Heulen aus. In diesem Augenblick erfuhren wir die Tiefe unserer Ohnmacht und Einsamkeit. Die Sonne, der Schnee, die bittere Kälte, das Grab, das Weinen und Adams Leib in der Erde: Das alles sprach von unserem unsagbaren Schmerz. Nachdem wir alle die Schaufel Erde ins Grab geworfen hatten, sangen wir noch einmal den irischen Segen. Dann sagte ich: »Lasset uns gehen in Frieden!« Langsam verließ die trauernde Gemeinde das Grab und machte sich auf den Heimweg.

Ich blieb mit ein paar anderen noch eine Weile. Es fiel mir schwer, diesen ungewöhnlichen Menschen hier allein zurückzulassen. Ich warf einen letzten Blick auf den schneebedeckten Ort, an dem Adams Leib nun lag, und spürte seine neu gefundene Einsamkeit.

Adam ist tot. Er kommt nicht wieder. Wir können ihn niemals mehr berühren. Wir müssen ohne seine körperliche Gegenwart unter uns weiterleben. Wie? Wir wissen es nicht. Wir können nur warten, den Schmerz empfinden, den Verlust betrauern, Tränen vergießen. Adam hat uns verlassen. Er ruht in Frieden, wir aber müssen in Hoffnung weiterleben. Eines weiß ich genau: Wir müssen darauf vertrauen, dass er, der uns zusammengeführt hat, auch danach verlangt, dass wir zusammenbleiben. Als wir zu der Gaststätte fuhren, in der auf alle ein Imbiss wartete, wusste ich, dass Adam sich freute, uns hier zusammen zu sehen, mit vielen Tränen und manchmal auch mit einem Lächeln.

## 8

## *Adams Auferstehung*

Adams Auferstehung begann in der Trauer derer, die ihn liebten. Diese Trauer war sehr real und tief. Als wir uns alle nach dem Begräbnis in der großen Begegnungshalle der Daybreak-Gemeinschaft versammelt hatten, wurde mir klar, wie groß unser Verlust war. Adam war nicht nur für mich, sondern auch für viele andere von uns die Seele der Gemeinschaft, die ruhende Mitte, um die unser rastloses Leben kreiste. Nun hatten wir diese Mitte verloren.

Was nun? Was morgen? Wie soll es weitergehen? Kann es weitergehen? Während der Tage zwischen Adams Tod und Begräbnis spürte man noch irgendwie seine Gegenwart. Wir konnten noch sein jugendliches Gesicht betrachten und ihn berühren. Jetzt gab es nur noch Leere, Abwesenheit.

Ich fragte mich, wie sich wohl die Freunde Jesu nach seinem Begräbnis gefühlt haben müssen. Betäubt? Bestürzt? Wütend? Verbittert? Die Grundlage ihres Daseins war weggebrochen, der Sinn ihres Lebens weggewischt.

Alles war zum Stillstand gekommen: kein Unterweisen mehr, kein Predigen, kein gemeinsames Mahlhalten, kein Ihm-nahe-Sein in Gebet und Stille, keine Möglichkeit zu vertrautem Gespräch. Wo waren die

Volksscharen, die Wunder, die große Erwartung einer neuen Ordnung, wahrer Freiheit? Wo waren der Überfluss an Fisch und Brot und die reine Freude am Leben? Ein großer Stein war vor den Eingang des Grabes gewälzt (vgl. Matthäusevangelium 27,60) und der Eingang versiegelt worden (Matthäusevangelium 27,66). Und das Erschütternde bei alldem war die Endgültigkeit. Was ließ sich schon anderes tun, als nach Hause zu gehen oder einfach bestürzt dazusitzen?

Wir können über Auferstehung nicht sprechen oder gar über sie nachdenken, ohne uns in die Tiefe unserer Trauer hineinzubegeben. Weder die Freunde Jesu noch Adams Freunde konnten sagen: »Weint nicht, er kommt ja wieder!« Wir mussten weinen, um seinen Verlust zu spüren, sein Nicht-mehr-da-Sein zu betrauern. Trauer ist Leere, Dunkelheit, Bedeutungslosigkeit, Nutzlosigkeit, gelähmtes Verharren. Ja mehr noch: Trauer ist ein Prozess in uns, ein langsames inneres Sterben des geliebten Menschen, der in unserem Herzen einen Platz gefunden hatte. Trauer ist Abschied, Stunde um Stunde, Tag um Tag, Minute um Minute. Lange Zeit denken und handeln wir noch so, als wäre er noch hier, doch auf Schritt und Tritt wird uns klar, dass er von uns gegangen ist, ein für alle Mal.

Wer versorgt Adam heute Morgen? Doch ... er ist nicht mehr da. Wer badet ihn, rasiert ihn, kämmt ihm die Haare, zieht ihm ein frisches Hemd an? Doch ... er ist nicht mehr da. Wer richtet ihm sein Frühstück? Wer hilft ihm, seinen Orangensaft zu trinken, wer zieht ihn fertig an? Doch ... er ist nicht mehr da. Heute Abend kommen Rex und Jeanne ... doch sie kommen zu uns und nicht zu Adam. Trauer ist ein fortdauerndes Sterben, ein ständiges Überraschtwerden von seiner Abwesenheit, ein langes, schmerzliches Zurücklassen, beklemmendes Alleinsein. Wir können unserer Trauer nicht aus dem Weg gehen, können sie nicht verkürzen. Wir müssen ihr Zeit lassen, viel Zeit ...

Wann beginnt also Auferstehung? Wann dürfen wir Adam wiedersehen? Wann dürfen wir es wagen, nicht nur über seine Abwesenheit, sondern auch über seine Anwesenheit zu sprechen? Für uns begann die Auferstehung mit Visionen und Träumen.

Yvonne, eine gute Freundin von Adam, erzählte uns eine Geschichte, die sie sich mitten in ihrer Trauer vorgestellt hatte. In Gedanken war sie bei Adam, dachte an seinen Tod und an ihre Freundschaft mit ihm. Dabei wurde ihr klar, dass sie Adam erst wieder im Himmel sehen wird. Also stellte sie sich vor, sie sei auf dem Weg in den Himmel. Während sie so ging, sah sie, wie ein strahlend aussehender junger Mann sich ihr näherte. Sie war erstaunt, denn sie kannte ihn nicht. Doch der junge Mann kam auf sie zu und sagte: »Hallo, Yvonne, du kennst mich doch, oder?« Yvonne schaute ihn wieder an und meinte, ihn wohl zu kennen, wusste aber nicht woher. Da lachte er und sagte: »Ich bin doch Adam, dein Freund. Erinnerst du dich noch an mich?« Seine jugendliche Unbeschwertheit und die frohe Begrüßung trösteten Yvonne.

Elisabeth, ein langjähriges Mitglied der »Arche«,

hatte einen Traum. Sie erzählte uns: »Ich sah im Traum, wie Adam umherlief, tanzte, herumsprang, frei wie ein Vogel. Ich sah ihn als einen schwerelosen Geist; er lachte und erzählte, bewegte seinen Kopf, seine Arme und Beine wie ein richtiger Sportler. Er war so glücklich, er strahlte und tat alles, was er nie tun konnte, als er noch bei uns war. Als ich aufwachte, war ich glücklich, Adam tanzen gesehen zu haben.«

Ich selbst hatte keine Visionen und keinen Traum. Im Gegenteil, ich hatte das seltsame Gefühl: Es lohnt sich doch alles nicht. Dieses Gefühl legte sich wieder, und meine tägliche Arbeit ging weiter. Doch ab und zu sagte ich mir: »Warum das alles? Warum sollte ich wieder einen Besuch machen, wieder eine Mahlzeit zu mir nehmen, wieder ein Buch schreiben, wieder einen Gottesdienst feiern. Es führt doch zu nichts. Warum Liebe, wenn das Ende der Tod ist?« Eine lähmende Müdigkeit hatte sich meiner bemächtigt, als ich auf meinem Bett lag und mich fragte: »Warum sollte ich wieder aufstehen?«

Wenn ich aber zu meinen Freunden von Adam sprach, hörten sie immer zu, und sie hörten anders zu, als sie es sonst taten, wenn ich mit ihnen sprach. Sie lauschten meinem trauernden Herzen und vernahmen darin die Stimme dieses stillen jungen Mannes, den ich sehr geschätzt und geliebt habe. Und sprach ich von ihm, so fragten sie mich: »Du hast ihn wirklich gern gehabt, nicht wahr? Erzähl uns doch mehr!«

Dann erzählte ich ihnen mehr: von Adams Geburt, seinen bewundernswerten Eltern, von seiner Ankunft in Daybreak, von unserer Beziehung und wie er mich in meinem Innersten berührt hat. Es ist eine ganz einfache Geschichte. Doch sooft ich sie erzählte, spürte ich, wie sich neues Leben und Hoffnung in den Herzen meiner aufmerksam zuhörenden Freunde regten. Meine Trauer wurde ihre Freude, mein Verlust war ihr Gewinn und mein Absterben ihr Entdecken neuen Lebens. Ganz allmählich sah ich, wie Adam in den Herzen derer, die ihn nie gekannt hatten, zu neuem Leben gelangte, so, als wären sie Teil eines großen Geheimnisses geworden. Dann sagte mir jemand: »Vielleicht solltest du über Adam schreiben, damit viele seine Geschichte kennenlernen und sich an ihr aufrichten können.«

Begann so seine Auferstehung, inmitten meiner Trauer? So geschah es der trauernden Maria von Magdala, als sie eine vertraute Stimme hörte, die sie bei ihrem Namen rief. So geschah es den enttäuschten beiden Jüngern auf dem Weg nach Emmaus, als ein Fremder zu ihnen sprach und ihre Herzen brannten. So geschah es den Jüngern in Jerusalem, die aus Furcht die Türen verschlossen hatten, als Jesus in ihre Mitte trat und zu ihnen sagte: »Friede sei mit euch« und liebende Worte der Vergebung hinzufügte (vgl. Johannesevangelium 20,19–23). So geschah es den trauernden Aposteln, die an den See zum Fischen zurückgekehrt waren und einen reichen Fischfang machten, nachdem ein Mann am Ufer ihnen gesagt hatte, sie sollten das Netz auf der rechten Seite des Bootes auswerfen (vgl. Johannesevangelium 21,1–14), und der sie dann einlud, ihr Fasten mit ihm zu beenden.

Trauer verwandelt sich in Tanz, Klage verwandelt sich in Freude, Verzweiflung verwandelt sich in Hoffnung, und Angst verwandelt sich in Liebe. Dann sagt jemand zögernd: »Er ist auferstanden, er ist wirklich auferstanden!«

Mein Herz weigert sich zu glauben, dass alles, was Adam in seinem Leib gelebt hat, vergebens war. Seine unglaubliche Verwundbarkeit und sein Leben, die das geheimnisvolle Tor wurden, durch das seine Liebe so vielen Menschen zufloss, sind zur Herrlichkeit bestimmt. So wie die Wundmale Jesu an seinem aus dem Grab erstandenen Leib die Zeichen waren, an denen die Menschen ihn erkannten, wurden Adams Wunden Merkmale seiner einzigartigen Gegenwart in unserer Mitte. Adams gebrochener Leib war die Saat seines neuen, auferstandenen Lebens. Der Apostel Paulus sagt:

»Nun könnte einer fragen: Wie werden die Toten auferweckt, was für einen Leib werden sie haben? Was für eine törichte Frage! Auch das, was du säst, wird nicht lebendig, wenn es nicht stirbt. Und was du säst, hat noch nicht die Gestalt, die entstehen wird; es ist nur ein nacktes Samenkorn, zum Beispiel ein Weizenkorn oder ein anderes. Gott gibt ihm die Gestalt, die er vorgesehen hat, jedem Samen eine andere« (1. Korintherbrief 15,35–38).

Adams einzigartiger Leib ist das Samenkorn seines auferweckten Lebens. Als ich ihn in jugendlicher

Schönheit und Unversehrtheit im Sarg liegen sah, war dies ein erstes flüchtiges Erahnen seines neuen Lebens. Ich muss den Visionen und Träumen meiner Freunde Vertrauen schenken wie auch der neuen Hoffnung, die in den Herzen derer aufbricht, denen ich von Adams Leben erzähle. Ich muss auf das vertrauen, was durch meine und die Trauer anderer geschieht. Und indem ich vertraue, muss ich glauben, dass ich sehen werde, dass die Auferstehung Adams, des von Gott geliebten Sohnes, nicht etwas ist, worauf wir warten müssen, sondern etwas, das inmitten unserer Trauer schon geschieht.

## 9
## *Adams Geist*

Adam, der von Gott kam und für die Dauer von vierunddreißig Jahren in diese Welt gesandt wurde, ist zu Gott zurückgekehrt. Seine Sendung ist erfüllt. Doch sie ist noch nicht vorbei. Sie wird nie vorbei sein, weil Liebe stärker ist als Furcht und das Leben stärker als der Tod. Adams Liebe und Adams Leben sind ewig, weil sie ein Teil von Gottes Liebe und Gottes Leben sind.

Am Abend vor seinem Tod sagte Jesus: »Doch ich sage euch die Wahrheit: Es ist gut für euch, dass ich fortgehe. Denn wenn ich nicht fortgehe, wird der Beistand nicht zu euch kommen; gehe ich aber, so werde ich ihn zu euch senden ... und er wird euch in die ganze Wahrheit führen« (Johannesevangelium 16,7.13).

Der Geist Adams ist der Geist Jesu. Es ist der Geist der »Liebe, Freude, Friede, Langmut, Freundlichkeit, Güte, Treue, Sanftmut und Selbstbeherrschung« (Galaterbrief 5,22). Jede(r), der mit Adam lebte, wurde von seinem lauteren Geist berührt. Es ist der Geist, der so viele geheilt und so viele zu einem neuen Verständnis ihres Lebens geführt hat. Der Tod löschte Adams Geist nicht aus, im Gegenteil, er befreite seinen Geist, um zu wehen und Menschen zu berühren, die Adam nie begegnet sind, aber durch diejenigen von ihm hören, die das Privileg hatten, ihn zu kennen.

Adams Andenken zu bewahren bedeutet deshalb mehr, als sein Bild an die Wand zu hängen, ihn in unsere Gebete einzuschließen oder am Jahrestag seines Todes eine Feier zu halten. Sein Andenken bewahren bedeutet, offenzubleiben für den Geist Jesu, der in ihm lebte und der uns nun gesandt wird. Es gibt noch sehr viel, das uns Adam zu geben hat. Und was er uns zu geben hat, haben wir sehr nötig.

Vor ein paar Wochen machte ich im Neuen Haus einen kurzen Besuch. Alle waren da: Rosie, Roy, John, Michael, Ann, um nur diese fünf zu nennen. Adam war nicht da. Aber wir sprachen von ihm. John-David sagte: »Seit Adam nicht mehr hier ist, ist alles anders. Wir spüren sein Fehlen jeden Augenblick.« Jody fügte hinzu: »Wir vermissen ihn sehr.« Und Leszek sagte einfach: »Darf ich dir etwas zu trinken bringen?«

Wir standen und saßen im Wohnzimmer verstreut, bildeten keinen geschlossenen Kreis mehr, sondern einen unterbrochenen, einen Kreis aus Trauer und Schmerz. Wir hatten das Gefühl, am Ende eines Zeitabschnitts zu stehen. Unsere Gemeinschaft ist sechsundzwanzig Jahre alt, und elf von ihnen hatte Adam sein einzigartiges Muster und seinen besonderen Stil in ihr Gewebe eingeflochten. Wir alle empfanden, dass Adams Tod das Ende der Jugendzeit unserer Gemeinschaft bedeutete. Unsere Trauer führte uns als ein Leib von Freunden ins Erwachsenenalter. Wir hatten Menschen kommen und wieder gehen gesehen, Menschen, die hier ein neues Leben begannen, hier ständig lebten und dann starben. Wir hatten jetzt eine lange gemeinsame Geschichte und konnten uns an unsere Vergangenheit erinnern. Adams Tod ließ uns mit der Erwartung auf etwas Neues zurück, auf etwas, für das wir noch keine Worte besaßen.

Unser Gespräch verlagerte sich langsam von Adam zu unserem eigenen Leben und unserer eigenen Zukunft. John-David bereitete sich auf die bevorstehende Hochzeit mit Sheilagh vor und Jody auf ihre Heirat mit David. Leszek befasste sich schon mit seiner Heimreise nach Polen, wo er wieder studieren wollte. Und Pjotr, ein Assistent aus der Ukraine, bewarb sich um einen Platz in einem Seminar in Lviv. Ich sah, dass alle Assistenten Adams sich nun in alle Welt verstreuen und ihr eigenes Leben weiterführen werden.

Adams Geist wird in ihren Herzen sein. Wo immer sie leben und arbeiten werden, wird er sie an all das erinnern, was er sie gelehrt hat. Und was nicht ganz verständlich war, als sie noch viel beschäftigt mit ihm lebten, wird klar werden, wenn sie sich in den kommenden Jahren an ihn erinnern. Sie werden ihren Freunden sagen: »Ich möchte dir von Adam erzählen, mit dem ich vor Jahren im Neuen Haus in Daybreak zusammengelebt habe.« Und beim Erzählen seiner Geschichte werden sie aufs Neue feststellen, dass Adams Geist, der Geist der Liebe, in ihrem Leben weiterhin Früchte trägt. Er wird bei ihnen sein und sie führen, während sie ihre eigene Sendung zu erfüllen suchen.

Unterdessen zeigen die Hiergebliebenen – John, Rosie, Michael, Ann und die anderen – noch auf Adams leeren Stuhl und sein Foto an der Wand. Ihren Tischgästen werden sie sagen: »Hier hat Adam gelebt. Er war ein wunderbarer Freund und Begleiter. Adams Leben und Tod schenkten uns Frieden, Hoffnung, Liebe und unendliche Dankbarkeit.«

## SCHLUSSWORT

## *Alle, die ihn berührten, wurden geheilt*

Adams Leben und unsere Beziehung waren und sind mir ein bleibendes Geschenk. Über unsere Beziehung aus der Sicht unserer Welt zu sprechen ist sinnlos. Aber ich, Henri, Adams Freund, habe mich entschieden, die Geschichte dieser Beziehung niederzuschreiben. Ich habe sie nicht verschönt, habe nichts abgeschwächt oder bekömmlicher gemacht. Ich habe versucht, sie so einfach und unmittelbar wie ich konnte darzustellen. Ich bin Zeuge der Wahrheit Adams. Ich weiß, dass ich die Geschichte Adams nicht hätte schreiben können, ohne die Geschichte Jesu zu kennen. Die Geschichte Jesu gab mir Augen und Ohren, mit denen ich die Geschichte des Lebens und Sterbens Adams zu sehen und zu hören vermochte. Allein im Licht dieser Geschichte drängte es mich, die Geschichte Adams so einfach und unmittelbar, wie ich konnte aufzuschreiben.

Wegen Adam wurde die »Arche« meine Gemeinschaft und Daybreak mein Zuhause: Weil ich Adam in den Armen hielt und ihn in vollkommener Lauterkeit und Freiheit berührte. Adam gab mir ein Gefühl der Zugehörigkeit. Er wurzelte mich ein in die Wahrheit meiner leiblichen Existenz, verankerte mich in meiner Gemeinschaft und verhalf mir zur Erfahrung der Gegenwart Gottes in unserem gemeinsamen Leben.

Wenn ich Adam nicht in meinen Händen gehabt hätte, wüsste ich nicht, wo ich heute wäre. Die ersten vierzehn Monate in Daybreak, in denen ich Adam wusch, fütterte oder einfach nur bei ihm saß, gaben mir das Zuhause, nach dem ich mich gesehnt hatte; nicht nur ein Zuhause bei guten Menschen, sondern ein Zuhause in meinem eigenen Leib, im Leib meiner Gemeinschaft, im Leib der Kirche und, ja, im Leib Gottes.

Ich habe über das Leben Jesu viel gehört und gelesen, vermochte ihn aber nicht zu berühren oder zu sehen. Ich vermochte, Adam zu berühren. Ich sah ihn und berührte sein Leben. Ich berührte ihn körperlich, wenn ich ihn badete, rasierte und ihm die Zähne putzte, ich berührte ihn, wenn ich ihn vorsichtig anzog, mit ihm Schritt für Schritt an den Frühstückstisch ging und ihm den Löffel zum Mund führte. Andere berührten ihn, wenn sie ihn massierten, mit ihm Übungen machten oder im Schwimmbad oder Whirlpool saßen. Seine Eltern berührten ihn. Murray, Cathy und Bruno berührten ihn. Genau das taten wir: Wir berührten Adam. Und was von Jesus gesagt wird, darf auch von Adam gesagt werden: »Alle, die ihn berührten, wurden geheilt« (Markusevangelium 6,56). Jeder von uns, der Adam berührte, wurde an irgendeiner Stelle geheilt; es war unsere gemeinsame Erfahrung.

Daher ist die Geschichte Adams Ausdruck meiner Glaubensüberzeugung, meines Credos und auch Ausdruck meiner eigenen Geschichte mit all meinen Stärken und Behinderungen. Als ich dieses Buch schrieb, wurde mir immer wieder bewusst, dass jedes Wort ebenso sehr mich betraf wie Adam. Es kann auch gar nicht anders sein! War es doch meine Liebe zu Adam, die mich in erster Linie seine Geschichte schreiben ließ; Liebe, die sich in Trauer verwandelte, durchtränkt von Tränen und voll Sehnsucht. Genau dort, wo Liebe und Schmerz einander in meinem Herzen begegnen, gab mir Gottes Geist den Anstoß und sagte: »Setz dich hin und schreib. Erzähl die Geschichte. Du kannst es, nicht nur deshalb, weil du Adam geliebt hast, sondern auch, weil du die andere Geschichte gut kennst.«

Also setzte ich mich – inmitten meiner Trauer – an meinen Schreibtisch und schrieb und schrieb und schrieb. Ich brauchte nicht nach Worten zu suchen, denn während ich schrieb, wurde mir mehr und mehr klar, dass Adam die Geschichte Jesu gelebt hatte, die ich Tag für Tag allen erzählt habe, die sie hören wollten.

Nun halte ich eine Weile inne. Die Geschichte ist erzählt. Ich hoffe und bete, dass sie viele lesen und verstehen werden.

SUE MOSTELLER

## *Nachwort*

Kurz nach Adam Arnetts Tod im Februar 1996 sagte mir Henri, dass er sich mit dem Gedanken trage, ein Buch über ihn zu schreiben. Er hatte schon eine klare Vorstellung von seinem Vorhaben und wollte wissen, ob ich ihm bei der Ausführung helfen könnte. Dabei ging es ihm vor allem darum, die eine oder andere Begebenheit aus Adams Leben von mir zu erfahren. Ich war über seinen Plan sehr erstaunt, da ich es für verfrüht hielt, ein Buch über Adam zu schreiben, und sagte Henri, dass ich einen größeren Abstand zu allem bräuchte. Diese Antwort war für Henri schwer zu verstehen, worauf er das Buch ohne mich schrieb, was dann wiederum für mich schwer zu verstehen war.

Einige Zeit später sandte Henri seinem Verleger Robert Ellsberg die erste Fassung des Manuskripts, um seine Meinung zu hören. Dem folgte ein Briefwechsel über starke oder schwache Stellen im Manuskript und die noch notwendige Arbeit. Henri sprach auch mit Jeanne und Rex Arnett, den Eltern Adams, und bat sie, ihm wichtige Daten und Fakten aus den ersten Lebensjahren Adams mitzuteilen.

Dann starb Henri plötzlich am 21. September 1996. Er hatte mich als seine literarische Nachlassverwalterin eingesetzt, und so fiel mir unter anderem auch die

Verantwortung für den Abschluss dieses Buches zu. Ich besuchte mit Unterstützung von Henris Verleger die Eltern Adams, um mit ihnen die eine oder andere Frage zu besprechen. Dann begann ich mit der Arbeit am Manuskript. Was mich dabei als Erstes beeindruckte, waren die Festigkeit und die Wichtigkeit der Beziehung zwischen Adam und Henri. Sie entwickelte sich zu einem besonderen Zeitpunkt seines Lebens, nämlich als Henri auf der Suche nach einem Zuhause war. Mit seiner Einfachheit und seiner bloßen Gegenwart hat Adam Henri ein Zuhause geboten. Es ist eine schier unglaubliche Geschichte.

Auch mir waren ein paar schwächere Stellen im Text aufgefallen, vor allem was die ersten Lebensjahre Adams betraf. Also begann ich, diesen Teil zu verstärken. Die Arbeit daran gewährte mir die Gelegenheit, den Verlust zweier guter Freunde zu betrauern. Ich sprach während meiner Arbeit am Manuskript mit ihnen, »hörte« sie aber nie antworten. Trotzdem war ich voll Energie und arbeitete aus Passion und Überzeugung. Es waren – wie ich meine – ihre Gegenwart und ihr Geist, die mich leiteten. Ich glaube fest: Sie haben mir geholfen. Der Text auf diesen Seiten, der ihre Beziehung beschreibt, hat mich inmitten meiner eigenen Trauer tief inspiriert. Ich bin jetzt sehr dankbar, dass Henri die Initiative ergriffen hat, und dankbar auch dafür, dass ich die Gelegenheit hatte, einen Beitrag zu Adams und Henris Geschichte zu leisten. Wie Henri, so tat auch ich es mit Liebe, mit großer Freude und mit Freiheit.

Henri gestaltet die Geschichte Adams dem Leben Jesu nach, und er tut dies eindrucksvoll. Doch nicht nur das: Es wird ihm während des Schreibens deutlich, dass die Geschichte Adams ebenso seine eigene Geschichte ist. Schließlich beschenkt Henri durch sein großes schriftstellerisches Talent auch uns alle mit der Geschichte eines jeden von uns.

*Sue Mosteller, Sisters of S. Joseph of Toronto,*
*Richmond Hill*
*Henri Nouwen Literary Centre – L'Arche Daybreak*

## HENRI NOUWEN IM VERLAG HERDER

*Jesus · Eine Botschaft, die Liebe ist*
Mit Illustrationen von Rembrandt.
Herausgegeben von Michael O'Laughlin
*192 Seiten | Gebunden mit Schutzumschlag | ISBN 978-3-451-27903-4*
Das Leben Jesu – nacherzählt und gedeutet aus Texten von Henri Nouwen. Seinen Betrachtungen gelingt es, die Geschichte Jesu in einer ganz unverbrauchten Frische zur Sprache zu bringen. Illustriert mit meisterhaften Zeichnungen und Radierungen von Rembrandt.

*Nimm sein Bild in dein Herz*
Geistliche Deutung eines Gemäldes von Rembrandt
*172 Seiten | Gebunden mit Schutzumschlag | ISBN 978-3-451-22404-1*
Die Begegnung mit Rembrandts Meisterwerk »Die Rückkehr des Verlorenen Sohnes« (1668) wurde für Henri Nouwen zu einer existenziellen Erfahrung. Er erschließt in diesem Buch den spirituellen Reichtum des Gemäldes als Summe innerer Lebenserfahrung und christlicher Spiritualität.

*Feuer in meinem Herzen*
Die Kraft der Mitmenschlichkeit
Herausgeben von Franz Johna | Mit Illustrationen von Vincent van Gogh
*144 Seiten | Gebunden mit Schutzumschlag | ISBN 978-3-451-29252-1*
Henri Nouwen war ein Meister darin, die spirituelle Botschaft von Bildern zu entschlüsseln. Dieser Band bringt Betrachtungen Henri Nouwens über das Leben und die Gemälde des großen flämischen Malers Vincent van Gogh.

**HERDER**

*Bilder göttlichen Lebens*

Ikonen schauen und beten

Neuausgabe zusammen mit Peter Dyckhoff

Mit sieben Ikonen-Abbildungen

*160 Seiten | Gebunden mit Schutzumschlag | ISBN 978-3-451-29652-9*

Henri Nouwen hat die Schönheit ostkirchlicher Kunst zeit seines Lebens so fasziniert, dass er Betrachtungen zu einigen bedeutenden Ikonen veröffentlicht hat. Die Neuausgabe wird eingeleitet von Peter Dyckhoff, der mit Nouwen in einem sehr persönlichen Briefwechsel stand.

*Du bist der geliebte Mensch*

Religiös leben in einer säkularen Welt

*128 Seiten | Gebunden | ISBN 978-3-451-29282-8*

Eines der erfolgreichsten und intensivsten Bücher Henri Nouwens. Eine Inspiration für alle, die auf der Suche sind, wie sie im Alltag zu einem spirituellen Leben finden können.

*Die innere Stimme der Liebe*

Aus der Tiefe der Angst zu neuem Vertrauen

*128 Seiten | Gebunden mit Schutzumschlag | ISBN 978-3-451-26249-4*

Ein Buch der Selbsterkenntnis, das zeigt, wie auch aus bitterer Erfahrung Segen werden kann.

*Nach Hause finden*

Wege zu einem erfüllteren Leben

*144 Seiten | Herder Spektrum Taschenbuch | ISBN 978-3-451-06301-5*

In bündiger Form handelt Henri Nouwen in diesem Buch von den grundlegenden Erfahrungen des Daseins und lädt uns ein, die Wirklichkeit mit Gottes Augen zu sehen. Er zeigt gangbare Wege zu einem erfüllteren Leben.

*Christi Weg nach unten*

Eine Spiritualität für unsere Zeit

*112 Seiten | Gebunden | ISBN 978-3-451-32188-7*

Was bedeutet spirituelles Leben in einer von den Idealen des Wachstums und Aufstiegs bestimmten Gesellschaft? Henri Nouwen zeigt konkrete Wege, den »Weg Christi« zu finden und zu gehen. Ein provozierendes Buch!

*Zeig mir den Weg*

Ein Begleiter für die Fasten- und Osterzeit

Herausgegeben von Franz Johna

*160 Seiten | Gebunden mit Leseband | ISBN 978-3-451-29357-3*

Der Fasten- und Osterbegleiter mit Meditationen von Henri Nouwen sowie Bibelimpulsen und Anregungen für das Gebet führt durch alle Tage der Fastenzeit von Aschermittwoch bis zum Osterfest.

*Der Kelch unseres Lebens*

Ganzheitlich Mensch sein

Mit einem Vorwort von Medard Kehl

*128 Seiten | Gebunden | ISBN 978-3-451-32137-5*

Henri Nouwen erschließt das Wort vom Lebenskelch in einer intensiven persönlichen Meditation und zeigt auf, wie die Nachfolge Jesu heute zum Ruf ins Leben werden kann.

*Geliebt sein*

Was es heißt, heute als Christ zu leben

Im Gespräch mit Philip Roderick

*96 Seiten | Mit S/W-Fotografien | ISBN 978-3-451-32268-6*

Ein Kompendium des spirituellen Weges, für den Henri Nouwen steht: Mitten in der Erfahrung der modernen Welt auf der Suche nach einem authentischen christlichen Leben.